Soft

軟能力

Skills

吳軍 著

U0007283

序言

系統性提升人生實力，必讀好書！

為什麼有些人有一流的技術和實力，但在生活當中困難重重，無法前進。其中的關鍵就在於缺乏對軟實力的培養。

不會表達，就不能影響他人協助你達成目標；沒有洞察力，就不能做出對職業選擇；沒有行動力，就算是金子也不能發光；缺乏品格，也將不能取得長期的成功。

閱讀這本書，將協助你系統化的提升人生軟實力。

——好葉．YouTuber、作家

英國哲學家培根說出那句傳誦數百年的名言：「知識就是力量」時，劍橋大學皇后學院圖書館裡的藏書只有一百九十九冊。在知識取得很困難的時代，擁有別人沒有的知識，的確是能帶來優勢的力量。

但是活在知識唾手可得的時代，如何不淹沒在訊息大海裡反而是新的挑戰。現代人要能夠將知識轉化為智慧，並且學會將智慧運用到真實世界的能力，這兩本「元智慧」與「軟能力」能引領我們走出訊息迷宮，優遊在這豐富多元的世界。

——李偉文・暢銷作家

年過半百的我，最欣賞才德兼備的人。有才華，是一種能力；有德行，是一種智慧。這兩本好書，是修練個人能力與人生智慧的指南，非常值得一讀。

——吳家德・NU PASTA 總經理、職場作家從知識到見識是「能力」的提升，從觀察到洞察是「智慧」的蛻變，能力和智慧，讓我們擁有平衡幸福的人生。

——郝旭烈．暢銷書作家、企業知名財務顧問、講師

未來 AI 被廣泛運用到職場之後，元智慧和軟能力將成為每一個人勝出的關鍵。愈早優化它們，愈有生涯競爭優勢！

——愛瑞克．《內在原力》系列作者、TMBA 共同創辦人

（以上推薦人依姓氏筆畫排序）

前言

太初有爲

很多人會糾結一個問題，學識和能力哪個更重要？

如果從做成事情這個角度來講，無疑是能力更重要，因為學識本身並不能讓人成事，在學識和成功之間，需要一座橋梁，那就是能力。在職場上，沒有哪位老闆願意直接為學識支付報酬，他們只會為能力買單。很多公司在招聘時強調學歷，是因為在無法判斷一個人能力的時候，只能暫時認定學歷高的人可能能力強。而一旦發現某個人空有學問，卻做不成事的時候，態度就變了。這時空有學問的人，便成為眾人嘲笑的目標。

相反地，一個學歷不高的人，如果最後證明自己能力很強，能夠解決問題，常常會被重用。然後，主管會冠以「破格提拔」的說法，以證明自己識人的本領。實際上，有能力的人被提拔，算不上什麼破格，因為在人才流動性很大的社會裡，被提拔是他們應該得到的肯定。換句話說，一個人只要有能力，即使在這個單位沒有獲得機會，在其他單位，也一定能夠找到一展拳腳的地方。畢竟，對整個社會來說，有能力的人總是稀缺的。

那些必備的「非專業能力」

人的能力大抵可以分為專業能力和非專業能力。「專業能力」這個詞很好理解，做任何工作都需要具備相應領域的知識，並解決該領域的問題。如醫生在醫學上的能力、律師在法律上的能力、工程師在技術上的能力，都屬於此類。大家努力讀書就是為了掌握這些能力。本書就不討論這方面的內容，而把重點放在非專業能力上。

非專業能力的種類有很多，我把絕大多數人都需要具備的非專業能力，分成以下五類：

一、交往力。絕大部分時候，要做成一件大事，僅僅靠一個人的力量是不夠的，需要很多人幫忙。一個人能做成多大的事情，在一定程度上，要看他能夠調動多少人力資源，而這就依賴他的交往力。由於這種能力學校不教，更不會去考察，因此很多人不重視。還有些人會覺得，那些交往能力強的人是會獻殷勤、無原則，甚至諂媚，自己不善交往反而是率真的表現。事實上，是否善於與人交往和有無原則地討好他人，是兩個不同維度的事。

二、洞察力。洞察力是指能看到別人看不到的問題，或是別人看不到的本質。我們都說今天是資訊時代，強調資訊的重要性，然後千方百計地去尋找資訊。實際上是，資訊就在那裡，很多人卻視而不見，或者只能看到事情的表面，卻無法洞悉真相。一旦無法洞悉真相，就無法做出正確的判斷，也就沒有正確的行動。

三、分辨力。之前，人們通常接受一種傳統的、正統的價值觀，並以此作為分辨是非的標準；如今，這種統一的價值觀，其實已經不存在，而資訊又嚴重超載，分辨善惡、是非、對錯就顯得尤為重要。過去，我們在報紙上閱讀的文章，雖然它說的不一定就真實或者正確，至少辦報紙是有門檻的，記者、編輯是本著專業態度寫作、修改那篇文章的。而現在的自媒體和社交平台上，充斥著大量的不實資訊，甚至為了吸引點閱率，不惜誤導用戶。

另外，我們過去生活的環境是熟人社會，大家對周圍的人都比較了解，做出判斷並不困難。如今生活在生人社會，彼此之間的了解程度非常有限。若缺乏分辨能力，就如同在迷霧中行走，看似走了很遠，其實不過是在原地打轉。

四、職場力。在專業化時代，人們需要按照規範，處理職場上遇到的各種問題，而不能感情用事。一個人專業水準夠高，只是他能夠在職場上站住腳，並且不斷獲得成功的必要條件，但還不是充分條件。

以什麼樣的方式做事，以什麼樣的態度與他人合作，通常決定一個人在職業道路上能走多遠。很多人誤以為，只要把事情完成就可以了。其實在職場上，我們不僅要完成工作，還要以專業人員的標準去完成。換句話說，一件事的過程，常常和結果一樣重要，而職場力則是完善過程的基本保障。

五、行動力。行動力強不是簡單的勤奮努力、辦事效率高，也不是凡事親力親為，而是能夠讓自己的行動產生想要的結果。一個人再辛苦，做了再多的事，如果沒有達到目的，就算不上行動力強。

經過這樣的梳理，你就能發現，能力既不是一個抽象的概念，也不是天生的稟賦，而是可以一個維度、一個維度慢慢地培養起來。不過需要強調的是，在能力之上的是品格。能力相當於一長串「0」，品格則是數字首位的「1」。沒有品格，能力就是無本之木、無源之水，再強也無濟於事。因此，在這本書的最後一章，我會講述和能力相關的品格。

為了避免單純地講大道理，我將本書的重點，放在分享我工作和生活的體會上，包括讀書的心得。書中的內容，有些來自自身親身經歷，但更多的是專家的建議。當然，我對那些建議，進行過嘗試和檢驗，並認為它們至少對我來說是有用的。

需要強調的是，能力的培養，是一個長期而複雜的過程，僅僅讀一兩本書是不夠的，關鍵在於採取行動，改變習慣，定向培養。因此，我以歌德的名言「太初有為」與大家共勉。

世界上懂得道理的人很多，但是能夠實踐的人卻很少；為自己樹立宏大目標的人很多，但是邁出第一步的人卻很少。當一個人真正行動起來的時候，他就已經超越大部分的人了。

吳軍

目錄
CONTENTS

01／交往力

一個人能做成多大的事情，在一定程度上，要看他能調動多少人力資源，而這就依賴他的交往力。

02／洞察力

別人看到的事情自己早已看到，別人看不到的東西自己也能發現，這就叫作洞察力。

03／分辨力

在缺乏統一的價值觀且資訊嚴重超載的今天，分辨善惡、是非、對錯就顯得尤為重要。

04／職場力

在專業化時代，以什麼樣的方式做事，以什麼樣的態度與人合作，通常決定一個人在職業道路上能走多遠。

05／行動力

一個人能達成目標，最終靠的是行動。懂得該關注什麼、需要對什麼視而不見，是提高行動力的關鍵。

06／品格

比能力更重要的是品格，它是人一輩子成功的基石。品格是後天培養出來的，與基因、出身、學識、機會都沒有直接的關係。

SOCIALITY

01

交往力

交往的能力，是衡量一個人能否順利適應現代社會的標準之一。需要注意的是，這樣的能力，不僅僅是善於待人接物、熟悉處理各類複雜的人際關係，它首先是能夠識人，能夠判斷該與什麼樣的人交往。

01 ／ 如何透過行為軌跡識人

說到識人的能力，在任何國家、任何時代，都被看作一個人最基本的能力。今天很多人喜歡談曾國藩，因其最大的本事就是善於識人——他為晚清挑選、提拔了一大批股肱之臣。據說他只要對一個人多看幾眼，就能把那人的性格特點講個大概。這倒不是要宣揚面相學，而是想說透過一個人的行為舉止和生活習慣，我們能好好了解他是什麼樣的人。

如何識人，是心理學研究的一個重要領域。美國德州大學的心理學副教授山姆．高斯林（Sam Gosling），就寫過一本這方面的學術專著——《神探窺心術》（Snoop: What Your Stuff Says About You）。他透過心理學研究發現，大多數人所擁有的東西，能夠透露出他們本身的資訊。換句話說，我們能倚靠那些資訊了解一個人。這就為可從行為舉止和生活習慣識人提供了科學依據。順便說一下，這本出版於二〇〇九年的書，獲得了美國心理學會的年度貢獻獎。

學習神探的窺心術

高斯林根據研究發現，有三類物品對於了解一個人非常有效。

第一類是身分標籤，指那些可以用來作為身分標識的物品。

在美國，人們通常會根據一個人開的車來判斷對方。這並不是簡單地說開豪華轎車的人，比開普通代步車的人更有錢，而是說在同等價位的汽車中，選擇什麼車和這個人的職業、生活習慣以及思想的開放程度，是有很大關係的。

例如，同樣是價格在二．五萬～三萬美元的新車，美國人通常有以下五種選擇：

一、買通用或者福特這種美國傳統品牌的汽車；

二、買日本品牌的汽車，如本田和豐田，或者類似的韓國品牌汽車；

三、買中低階的歐洲品牌汽車，如福斯或者飛雅特；

四、買低階的越野車；

五、買皮卡（pickup），也就是小卡車。

通常，選擇美國傳統品牌汽車的人，會比選擇日本品牌汽車的人更為保守；而購買日韓品牌汽車的人，則比較重視CP值，不那麼在乎面子。不過，不管是買美國車還是日韓車，基本上都只是把車當成代步工具，整體上屬於中規中矩。

買越野車的人情況就特殊一些。這些人大致可以分為兩類，年輕的和年長的。這兩類人買越野車的出發點相當不同。根據福斯公司的調查，買越野車的年輕人大多比較愛玩，主要是看中它在荒野中的動力性能。而比較年長的越野車買家，如五十五歲以上的，主要是欣賞其車型高大，坐得舒服，視野好。另外，大部分買越野車的人，平時並沒有多少東西要運輸。

美國還有很多人喜歡載貨能力強的皮卡。其中，除了工作原因而購買的之外，大部分還是喜歡那種想玩就玩、想走就走的生活。特別是那些愛好露營的人，通常會租一個有臥室、廚房和淋浴間的小房車，用皮卡拉上，自駕到各地遊玩；或者用皮卡拖著自己的小船，周末去海邊或湖邊玩水。

至於買歐洲品牌汽車的人，在美國是比較小眾的。一般來說，這些人喜歡與眾不同，比較有個性，並且常常為了自己的一點喜好，額外花費很多錢。在美國，歐洲品牌汽車要比其他產地同檔次的貴很多，保養的費用也不便宜。因此，除非是堅持自己的喜好，否則美國人不太會把這類汽車作為首選。

從這個例子我們不難看出，一個人使用的物品，多少會反映出他的性格特點。同樣，從人們的衣著，也或多或少能看出他們的內心。和前面的汽車一樣，先要把品牌檔次和價格這類因素扣除掉。像夾克和西裝當然不同，你拿幾百塊錢的夾克和上萬塊錢的亞曼尼西裝比較就不合理。就同檔次來講，通常穿著休閒便裝的人，要比穿著職業套裝的人更開放，也更有自信心；而穿著職業套裝的人相對會更守規矩，更相信權威。

那麼，會不會有人明明個性中規中矩卻偏要裝酷，開一輛皮卡上班呢？不太會有，因為做作一兩次還可以，時間長了，他自己會感覺不舒服，因為那不是他喜歡的生活方式。

第二類是那些可以作為「情感調節器」的物品。

大家可能有注意到，很多人會在宿舍裡或者辦公座位上，擺放家人的照片或具有特殊意義的紀念品。高斯林認為，這些東西就屬於情感調節器，能反映出主人的情感依託在哪裡。高斯林透過研究發現，人在孤獨的時候，看到屬於自己的情感調節器，心靈就會得到慰藉。觀察一下你的同學或同事，在床頭或者辦公桌上擺放的東西，就能對他增加一些了解。

在美國，大約有八％的人，會在皮夾裡放一些家人的照片，當然現在的習慣，是把它們存在手機裡，設置成手機桌面。見到這樣的人，就可以基本推斷，他很可能是一個能從家庭獲得情感慰藉的人。

第三類是那些會「留下行為痕跡」的物品。

在推理小說中，偵探可以從一個人的物品細節，推測出他的行為特點。《福爾摩斯探案全集》裡就寫到過，福爾摩斯透過懷錶發條處的磨損痕跡，猜想懷錶的主人有酗酒的習慣。這樣的情節倒不完全是小說家編的，而是有著統計學上的依據。如開車比較猛或者容易緊張的人，其車子的煞車片會磨損得比較嚴重。我開車時經常會注意前面車輛的外觀，根據我的觀察，那些技術不佳的人，車身通常有較多刮傷，尤其是前後保險桿的四個角和側面車門處。

但是，一個心急魯莽的人，是否有可能把車開得很平穩呢？只要我們把時間放長一點，就會發現這種可能性很小，因為一個人如果能長期把車開得四平八穩，就不會心急魯莽了。

看不見的真相

高斯林在《神探窺心術》這本書中，還提出一些很有趣的結論。例如，觀察一個人扔掉的垃圾，就能夠判斷他是什麼樣的人。這是很有道理的。如今的醫學檢驗，也是透過人體代謝物的檢查，來讓醫生了解我們的身體狀況；其實不用去翻看別人的垃圾，更現實的做法是觀察他使用和擺放的物品。

現今的網路很發達，可以透過一個人在網路上的表現去了解他。很多人覺得隔著網路和人打交道更安全，難免在防範心理上會比較脆弱。就好像有人在大街上和你搭訕，你多少會有些警惕，但有人在你的論壇發文下面留言，你不會從一開始就抱有防衛心態。

有時透過一個人在網路上的言行，更能看出他真實的性格。如他轉發的文章、社群的發文內容，能大致判斷他是個什麼樣的人。社群媒體上使用的頭像和暱稱，同樣也適用這個道理。掌握了一些觀察他人的基本方法，我們就可以靜靜地觀察周圍的人，做到「知人知面也知心」了。不過，被觀察的人有沒有可能刻意把自己偽裝起來，以誤導我們呢？這當然是有可能的。

譬如，一個人即使平時很邋遢，如果有客人要來，他也會把家裡收拾一下。再如，有的人出於虛榮心，會在網路上租借奢侈品、甚至盜用圖片的方式，把自己偽裝成完全不一樣的人。但是，一個邋遢的人，不會每天都收拾家裡，即便有，也只會把表面整理乾淨。如果你經常去他家，可以注意家具背面或者桌子下面，就會發現問題。賈伯斯曾說，看一件家具是否做得好，要看那些看不見的背面使用的是什麼材料，就是同樣的道理。

多方面的審視

除了花更多時間、更細緻地觀察，還可以從多個面向，來審視一個人的行為，是否有不一致的情況。當一個人坦然展現自己的時候，你從各個角度了解到關於他的資訊，是具有一致性的。

一個真正愛看書的人，家裡應該都會有書櫃，平時言談中，不免會提到自己最近看的書，他可能還會有圖書館的借閱證或者是電子書網站的會員，外出路過書店時，也可能會進去看看。這些都是不同角度的資訊，但具有一致性。刻意偽裝的個人形象，總是會露出馬腳的，尤其是在日常生活中，人總有放鬆的時候，從而顯現出本來的面目。

在諜報片中，經常會有這樣一個場景：有人冷不防地喊出間諜的真名，被喊到的人會有明顯的反應。很多間諜就是這麼暴露身分的。這種情節倒不是編劇瞎編，而是有證據支持的。在一個心理學實驗中，主持實驗的人讓一群人彼此用化名稱呼，然後他突然喊出其中一個人的真名，這時那個人就會不自覺地產生反應。這個實驗就說明，人即使刻意偽裝，也會有露出馬腳的時候。

在無關緊要的事犯錯

我還有一個可以刻意引導別人，表達出他們真實想法的經驗。

你可以在無關緊要的事情上故意露出破綻，或者犯一點小錯誤，看看別人的反應。這時候你可能會發現，很多人對你的態度和平時是不同的。打個比方，你損壞了一件小公物，這時你可以好好觀察一下，每個人對你的態度，和平時有什麼不一樣。當然，這種事不要重複去做，總是試探別人會讓人感覺不真誠。

在介紹這些識人術之後，我必須指出，無論用什麼方式來判斷人，都不可能是完全準確的，只能說某些細節意味著某種可能性的機率更大。

如果對一個人的了解本來是五十分，那麼透過留意其行為舉止和生活習慣，就有可能把對他的了解提高到七十分。但不可能百分百地了解某一個人，而且一些細節背後，也可能有出乎意料的原因。

要牢記，不要輕易對人產生偏見。多觀察別人，勿隨便發表評論，很多事心裡有數就好。

02／與時俱進的交友原則

我們的過去決定了今時的樣貌，但當下所要解決的是未來的問題，而不是過去的問題。識人也好，交友也罷，要面對的都是未來的世界。

對於未來世界，我有兩種看待的方式。一種是我們主動地往未來世界走，這是一種正向思維。在進入未來世界的過程中，以什麼速度前進、走哪條道路、接受多少新事物，全靠自己掌控，這就是大部分人常說的「走向未來」或者「迎接未來」。

另一種則相反，當我們就站在原地不動，讓未來直撲而來，這是一種逆向思維。既然我們不動，那就不要奢望去控制未來，包括速度和形態，因為預設和計畫會顯得很不準確，甚至有點荒謬。在對未來的不可控性有了心理準備之後，即使意外發生了，也不會措手不及，而是會好好欣賞意想不到的風景，與時俱進地適應未來。

以未來的立場選擇交往的人

適應未來，首先要解決一個很重要的問題，就是以新的思路看待身邊的人——站在未來的立場上，而不是過去的立場上，選擇適合的人交往。

在這次全球新冠肺炎疫情爆發期間，這個問題以特殊的方式，被赤裸裸地擺上了檯面。同時，我也有了一些閒暇，來靜心思考這個問題。因此，我更新了對這個問題的一些看法。

在世界和社會處於動盪局面之時，不僅是我，很多人都發現，自己和認識多年的親朋好友，三觀差異其實超乎尋常地大，甚至，重新認識了自己身邊的人。有一位朋友私下和我說，現在看來，只有三觀一致的人才能抱團取暖；如果三觀不一致，即使血緣關係再近，也無話可聊。**這其實是從熟人社會過渡為生人社會的必然結果。**

網路改變熟人關係

過去大家看重親戚關係、熟人關係、同學關係等，是因為彼此需要，這種需要大部分是物質層面的——生活有困難，需要親戚們幫忙；想做一件事情，需要同學和朋友一同參與。

過去因為能夠接觸和依賴的都是身邊的人。與身邊的人相處得越久，交情越深，遇到各種事情，就越覺得只有身邊的人才靠得住。同時，因為親朋好友和有類似的生活經歷，甚至差不多的生活理念和知識結構，大家對彼此有認同感。前幾年我每年都會回國幾次，經常召集同學聚會，聚在一起時，最不缺的就是這種認同感。

在進入一個新的環境，一方面需要融入新的群體，得到新的認同感；另一方面也會對過去的同鄉、同學特別關照，這是為了獲得安全感。在這種情況下，太過強調獨立、強調自己和別人不一樣，有時不僅多餘，還會妨礙自己融入群體、獲得群體的支持和幫助。

這種做法有時被人叫作集體主義。但是，人的觀念都是由現實需求決定的。如果現實決定了必須融入群體才能生存，那就不能說重視集體的觀念是過時的。

如今的社會已經開始發生變化，分工越來越精細。雖然我們的生活依然需要借助他人的力量，但已不只有熟人的力量，很多事情都可以交給更專業的陌生人去做。我們與陌生人的關係，是依靠法律和制度，而不是依靠人情來約束的，因此效率比以前高得多。

在這種情況下，自然不用再像過去那樣依賴身邊的人，不用再那麼在意親友和鄰里的看法，或者服從長輩的權威。在某種程度上，獲得了自由，獨立的精神也開始覺醒。

但人是依然需要與人交往，需要自我成長，需要互相認同。總之一句話，人需要朋友。

這時與朋友交往的目的，不再是生活上的依賴，更多的是思想和精神上的需求。

只是，對朋友的需求改變了，與朋友交往的方式自然也改變了。「三觀一致」會逐漸取代血緣紐帶、同窗友誼和鄰里關係，成為友誼的重要因素。

感謝網路的發明，讓我們把交往的圈子擴大很多倍，找到更多對自己成長和事業發展更有益的朋友。

過去我們總以為，網路是虛幻的，現實是真實的。在網路上，看不到人的真實模樣，甚至不了解對方的年齡和性別，只能看到他的隻字片語和轉發的文章。

因此我們對網路上遇到的人不太在意，畢竟他們在現實生活中，很可能是完全不一樣的人。但是換個角度思考，在現實生活中相處了很長時間的朋友、同鄉或者親戚，就真的能夠看到對方真實的一面嗎？這也未必。

真實與虛偽

透過一個人在網路上的行為，其實能夠了解他的認知能力和判斷力，進而了解他的思想和靈魂。從這個意義來說，網路有其真實的一面。有時候恰恰是因為在網路上，人們可以拋去很多顧慮，表現出自己真實的一面；反而是那些日常在身邊見到的人，有可能戴著虛偽的面具。

但這就帶來了一個問題，如何透過網路上的交往，更準確地判斷一個人呢？

美國一些頂級名校在招生時的做法，可以做為啟發。這些學校在招生的時候，會請學生提供一個清單，羅列自己平時看的書、雜誌以及瀏覽的網站。透過這些資訊，學校就可以了解這個學生的判斷力。著名的經濟學家、諾貝爾獎得主阿馬蒂亞．森（Amartya Sen）曾說，有無數可憐的人，長期生活在單一的，甚至被扭曲的、顛倒的資訊之中。這可能是某些人在愚昧的同時，卻又十分自信的主要原因。

如果是網路上的朋友，告訴我一件匪夷所思的事情，我總會問他，你是從哪裡看到的消息？同樣的道理，如果你想了解社群網站中的某個人，就去看他平時讀什麼書，推薦什麼文章，關注什麼網站，使用什麼 App，從什麼管道以何種方式獲得資訊，這樣就能大致判斷他是什麼樣的人了。

接下來的問題就是，網路擴大了人的社交範圍，現在可以結交的人不是太少，而是太多。面對那麼多的人，應該如何挑選朋友呢？我有兩點體會，或許對大家有參考價值。

一、關於交友的體會

第一點體會，來自美國的社會學家和心理學家對於婚姻的建議——讓你變得更好的婚姻才會長久。

目前人類的壽命，比歷史上的農業社會時期，增加了將近一倍。在這種情況下，真要像古代那樣，夫妻維繫一輩子的婚姻並不容易。社會學研究的資料也表明，一個國家只要進入工業社會，離婚率就會迅速上升。

過去傳統的對婚姻的要求，已經不適用於當代社會。兩個同床異夢的人，與其勉強生活在一起，不如各自去找尋自己的天空。當然，這不是說人就不需要婚姻了，婚姻也有好壞的差別，好的婚姻應該讓雙方生活得更健康，讓雙方都有所收穫。

友誼也是同樣的道理。想要維持長期的友誼，並不比維持婚姻更容易。

例如你和中學同學、大學同學，因為人生經歷並不相同，平時能聊的話可能也不多，彼此的距離也越來越遠，但這也不妨礙在合適的時候大家互有來往。關鍵在於，無論是網路上的朋友還是身邊的朋友，他們都應該讓你的生活變得更好，彼此都能從這段關係中獲益匪淺。

二、擴大交友圈是趨勢

第二點體會，來自社會學中「人的社會化」這個概念——盡可能擴大有質感的交友圈。

所謂人的社會化，是指人在成長的過程中，把所在環境的價值理念，內化到自己心裡。任何人在出生的時候，大腦都是空白的，人只有主動學習，勤於思考，大腦中的空白地帶，才會被有用的知識所充實。

不愛學習、沒有好奇心的人，即便被別人強行塞入一些想法，也產生不了自己的思想。這樣的人，要嘛永遠頭腦膚淺，要嘛很容易被一些經不起推敲的東西「洗腦」。這些人當然不會帶給我們進步。如果身邊不願意思考的人太多，時間一長，自己的智商和見識水準也會被拉低。

若只能從網路上得到大部分資訊，在這個過程裡，就逐漸形成自己的三觀。書讀越少，資訊來源越單一，三觀就越容易走極端。而那些能夠從多視角、多管道了解資訊，經過自己思考看到事情全貌的人，往往經過大量高品質的閱讀，建立起全面的知識體系。和這樣的人交朋友，就可以提升我們的層次。

當生存不再需要依賴特定的某些人，也就無須壓抑自己去迎合他人。但是，在情感上依然需要支持。建議你可以到更大的範圍內，去尋找和自己在精神上**惺惺相惜、在靈魂上產生共鳴**的人。

如果把眼光放到全世界，將來要打交道的人，會超越同一個城市，甚至同一個國家、同一種語言和同一種文明。在這種多元的環境中，建構起新的社會關係，這是每個人都避免不了的問題。不僅我們是這樣，未來的孩子可能在更年輕的時候，就會遇到這個問題。變化正朝向我們人走來，每一個人都要對此有所思考。

03／能力和人品哪個更重要

當我們能夠識人，也知道面對未來，該交往什麼樣的朋友後，就需要回答一個現實的問題：如果對方的能力和人品不可兼得，你會如何抉擇？這是做投資任何事時，永遠要面對的問題。

能力和人品屬於兩個不同維度的概念，並且顯然無法簡單地將它們進行比較，也不能輕易地將兩者得分相加再除以二，並以此作為判定的依據。

這兩個維度是正交的，它們的交叉組合大致將人分成了四類：

第一類：能力強、人品好。

第二類：能力弱、人品好。

第三類：能力強、人品差。

第四類：能力弱、人品差。

無論是投資還是結交朋友，大家都會希望找到第一類人，也就是能力強、人品也好的人，這類人常常是大家眼中的賢人。

也肯定會遠離第四類人，就是那些能力弱、人品還差的人。但是，如果找不到第一類人，就不得不在能力強、人品差，以及能力弱、人品好的人中作選擇，這時應該怎麼辦呢？

《淮南子》中記載的一段對話，給我留下深刻的印象。

這段對話發生在姜太公和周公之間，這兩人都是歷史上有名的賢人、能人。在武王伐紂成功之後，姜太公被賜封於齊地，武王的弟弟周公則被賜封於魯地，兩個人剛好是鄰居。有一天，姜太公和周公見了面，暢談各自對治理封地的想法。具體情況是這樣的：

昔太公望、周公旦受封而相見。

太公問周公曰：「何以治魯？」

周公曰：「尊尊親親。」

太公曰：「魯從此弱矣。」

周公問太公曰：「何以治齊？」

太公曰：「舉賢而上功。」

周公曰：「後世必有劫殺之君。」

這段話的大意是：

周公說：「我們魯國要用世家子弟為官，要以尊卑貴賤的禮法來治理魯國。」

姜太公指出：「這樣的話，魯國將來會成為弱國。」

周公問：「那麼齊國會怎麼治理呢？」

姜太公說，「齊國要任用賢能的人才來治理國家，根據業績進行獎賞。」周公擔心如此一來，齊國必然會發生叛亂，會出現亂臣賊子殺國君。

後來，兩個國家的發展果然應驗了這兩位政治家的預言。西周滅亡之後，周王室獨尊的政治格局被打破，各個諸侯國開始自由發展。齊桓公任用管仲等賢能之人，成了春秋霸主，不過他本人應驗了被亂臣賊子所殺的預言；而魯國任用世家子弟，抱著過去的禮法不變，結果越來越弱，也應驗了姜太公的預言。到了孔子的時代，魯國當政的幾位大臣分別叫作季孫氏、叔孫氏和孟孫氏（註1-1）。從名字就可以看出，這些人都是王孫公子。

在春秋時期，弱小的魯國總是挨打。這時，如果讓你來評價魯國應該如何治理，你也許會同意姜太公的觀點，就是應該任人唯賢，「舉賢而上功」。這也是今天普遍提倡的做法。

但是，故事並沒有到此結束。

齊國的國祚傳到第二十四世時，大夫田氏家族興起，取得了國君的位置。雖然「齊」這個名稱被保留，但實際上已經是田氏的天下，而非姜氏的天下了。而魯國雖然日益衰落，還是傳了三十二世才滅亡（註1-2），國祚比齊國長了一百三十年。從這個角度看，似乎姜太公的「舉賢而上功」，並不是一個更好的辦法。

小人本事再大，也要遠離

事實上，今天各公司選拔人才時，更多的是把人品放在能力之上。如果發現面試者有人品或者誠信問題，招聘方往往會直接否決；若是發覺面試者能力稍有欠缺，招聘方還是可以綜合考慮其他因素。

有人覺得自己才高八斗卻不受重視，他或許是忘了，才能並不是唯一的影響因素，真實社會中的競爭不是考試，也不是單純的「唯才唯賢」。和古代不同的是，除了極個別的職位，絕大多數人的才能，足以使其完成相關的工作，「才能」總是不缺的。

選人時若把人品放在能力之前，還有兩個明顯的好處：

第一，人品好的人能力未必差，只不過他們往往更加謙遜，不喜歡張揚。

按理來說，兩個能力相當的人，一個人品好，一個人品差，前者腳踏實地、日積月累，總會有所進步；後者喜歡投機取巧，總是改變方向，雖然看上去步伐邁得很大，但疊加效應會很差，甚至自己不同時間的努力是在相互抵消的。

註

1-1　「孫」為對當時貴族的尊稱。

1-2　這是《淮南子》的記載，也有統計說是傳了三十六世。

第二，也是更重要的一點，如果一個人的人品好，即使能力稍有欠缺，也有機會成長和改變；但如果一個人人品不好，你想要讓他變成道德君子，幾乎是不可能的。

做風險投資的人和擔任企業大當家、二當家的人，最擔心的其實不是所託之人把事情辦砸了，而是所託非人，因為前者是他們承擔得起的風險。一次沒做好，還有第二次、第三次機會。就算沒有第二次機會，也無非是利益從1變成0。但如果所託非人，事情辦成了，成果卻被別人拿走，養活了一個對手，利益就是從1變成了負1，甚至是負100。

因此，從投資者的角度看，更要避免的是與能力強、人品差的人合作。其實，這就是所謂的「小人」，小人本事再大，也需要遠離他們。

用品格來擇人

我和很多投資人在回顧投資失敗的原因時，都得到一個類似的結論，就是投資失敗的最大原因，往往並非創業者能力不足，而是其人品不佳。

有些創業者利用第一筆投資把自己做大，然後甩給投資人一個空殼，又單獨成立新公司去融資第二筆；然後再甩給第二個投資人一個空殼，自己再去融資第三筆。結果他自己越做越大，但是投資人都虧損了。

投資失敗的第二大原因，通常也不是創業者的能力問題，而是政策的改變。例如，有些原本受到政策支持的細分領域，後來不再受到支持，甚至變為受到限制，這屬於一種不可抗力。第三大原因才是創業者的能力不足。

這些都是我們用錢「買」來的經驗，或者說教訓。

對於人品有問題的人，最好從一開始就離得遠遠的，省得以後給自己找麻煩。雖然絕大部分人不會去做投資，但是古往今來，無論是任用下屬還是交朋友，道理大致如此。

講到這裡，答案已經清晰了——能力和人品，還是人品更重要一些。

捨去自己的偏見

但是，如何能夠準確地判斷什麼是能力強、什麼是人品好？知道原則是一回事，但如果真的把兩個人推到你面前，讓你判斷他們的人品好壞或者能力強弱，就是另一回事了。

舉個例子。有張三和李四兩個人，張三腦子靈活、反應快，能夠及時發現問題；李四不如張三聰明，但是他善於處理人際關係，而且能夠持之以恆地完成艱巨的任務。那麼他們二人誰的能力更強呢？

人品問題同樣複雜。像是張三原則性很強，比較公正，但是也容易得罪人；李四懂得人情世故，更會待人接物。那是不是張三的人品就更好呢？未必，如果張三堅持的原則本身是有問題的，那情況會很糟糕。

這時候，很多人容易陷入一個迷思，就是覺得對自己好、和自己談得來的人，人品會更好一些。陷入這個迷思，是因為假定自己總是正確的、好的。但是，如果你犯了錯誤，比如因為年少無知或者一時不察而做了蠢事，此時需要的恰恰是能對你說出逆耳忠言的人，而不是談得來的人。

曾國藩第一次率領湘軍出征，遭遇慘敗，於是憤而投水，結果被屬下救了起來。左宗棠不但不安慰他，反而數落了他一頓，說他不忠不孝。曾國藩當時覺得委屈，但過一陣子心裡平靜之後，再回想左宗棠的話，就覺得確實有道理，自己的行為太過衝動，如果堅持那些有問題的想法，就是愚蠢加三級啊。曾國藩因此做出改變。如果身邊都是順著他說話的人，恐怕曾國藩也只能在愚蠢的路上越走越遠了。

今天有的人談到曾國藩，會說他不過是因為恰巧在家守孝，得到朝廷給的「幫辦團練大臣」這樣一個頭銜，讓他能夠招兵買馬，從此發跡。其實當時好幾十個大臣都有同樣的頭銜，但其他人卻都默默無聞；而曾國藩因為有左宗棠、胡林翼這樣的朋友不斷幫他糾錯，他自己也有才有德，最後才成功。

兩個關鍵問題

要對人品和能力做出判斷，我們可能需要丟掉個人的偏好和感情，並且加上成本。什麼意思呢？可以用兩個問題來解釋。

第一個問題，你身邊的二、三十個熟人朋友中，你覺得誰最好，或者說，誰的人品最好？

對於這個問題，大部分人會很快給出答案，而且答案通常就是自己最好的朋友，因為這些人不但和自己投緣，還時常關心、幫助自己。

第二個問題，如果你要把自己所擁有財富的十分之一，投資給一位朋友，幫助他成功，他成功之後，也會把自己所獲得財富的十分之一回報給你，你會投資誰呢？

這時很多人就要想想了，不會馬上給出答案。通常，他們最後給出的答案，和第一個問題的答案並不是同一個人。而第二個問題的答案，其實就是回答者心中最可靠的那個人。

這個可靠包括兩層含義：一是能力強，有辦法做好事情，好友和自己感情雖深，但可能沒有能力；二是人品好，值得信任，把錢交給他，自己將來能夠得到回報，不會被坑。

事實上，每個人通常都能判斷出，誰是自己身邊最可靠的人，這並不困難。但是，往往人們交的好朋友，並不是身邊最值得信任的那一位，而是自己覺得聊得來的人。這便是問題所在。

為什麼要舉投資的例子呢？因為只有當我們真的要付出真金白銀時，才能對「是否可靠」這件事有準確的判斷；當我們不投入成本時，判斷力似乎就變差了，因為人都會被自己的偏好所影響，覺得對自己好就是品德好。其實真正值得結交的人就在那裡，我們心裡是有數的，當真的要把自己十分之一的身家，託付給一個人的時候，就會想到他。同樣地，很多人在把自己的事業、家人託付給別人時，要考慮的也是對方是否可靠。如果你最好的朋友，恰好就是最可靠的那一位，恭喜你；如果不是，那麼你可能需要反思一下了。

04／學會道歉

挑選合適的人交朋友重要，和朋友和睦相處更加重要。朋友之間也少不了磕磕碰碰，甚至會出現有意無意的傷害，這時道歉就很重要了。不僅是對朋友，對其他人也是如此。

在生活中學會道歉，是每一個人都應該有的能力。

有人曾經問我，是否向別人道過歉，很嚴肅很真誠的那種。我回答，有過，人不可能一輩子不犯錯誤，犯了錯誤就要承認，而承認錯誤的一個行動就是道歉。

很多人會覺得自己一旦道了歉，就丟了面子，損失了名譽。其實道歉恰恰可以讓人在名譽和利益上的損失降到最小。

我們不妨從積極的角度，來看待道歉這件事。

道歉是一門基本功

首先，道歉不僅是表達對他人的歉意，而且對犯錯的人自身的成長也有益。至少有這樣三個益處。

第一，承認錯誤、道歉，然後擔負相應的責任，這本身就是勇氣。小至個人是如此，對機構、國家也是如此。無論名氣多大，願意承認錯誤，才有可能贏得別人的尊重。

不管是什麼人，如果做錯事情、讓他人造成損失，肯定會影響到自己的名譽，這也正是很多人不願意承認錯誤的原因。

若損失已經造成，名譽並不會因為不承認錯誤就能自動挽回。

一方面，承認錯誤，向受到傷害的人道歉，獲得被傷害者的諒解，是恢復名譽成本最低的方法。另一方面，正是因為知道做錯事情要道歉，今後做事才能更加謹慎，少犯錯誤。

第二，道歉是讓自己走出陰影最好的辦法。

當人犯了錯，給別人造成麻煩、損失，甚至是傷害，其實自己內心或多或少都會有愧疚。

內疚的情緒如果長期積壓在心裡，也會成為自己生活的陰影。

有些人不願意承認錯誤，甚至頑固狡辯，在被別人揭發、證實之後，依然拒絕道歉，因為他們覺得這樣做能維持顏面。但周圍的人自有一番評價，已經丟掉的顏面是不可能透過掩蓋和狡辯維持的。

更糟糕的是，由於沒有承認錯誤，別人其實並沒有原諒他們。他們也知道這一點，因此也害怕周圍的人隨時把傷疤揭開。這種負面情緒積壓在心裡的時間長了，對自己也會造成傷害。

第三，對於管理者及品牌或機構來說，犯錯之後承認錯誤並道歉，是重新凝聚團隊精神所必需的。

對內而言，一個團隊的管理者如果做錯了事情，下屬便會有意見；如果不承認甚至推諉責任，下屬就會更加反感。主管知道後，也會對這個管理者另眼相看。但是透過道歉，管理者就可以把大家重新團結起來。可以說，勇於擔當是領導力的一個重要展現。

對外來說，如果因為某些錯誤，損害公司或品牌的外在形象和外部關係，則想要恢復正常的外部關係，也需要先道歉，得到受害一方的諒解，只有這樣才能重建起新的關係。否則，雙方關係受到的損害就會是持久的，即使表面上如常，深層的裂痕也難以彌補。

沒誠意的道歉提油救火

什麼樣的道歉才是恰當的呢？有兩個基本要求，一是誠懇，二是及時。

先說誠懇。既然已經準備道歉了，就不妨大大方方地承認錯誤，不要再「猶抱琵琶半遮面」。這樣的道歉是無法讓人滿意的，做了也是白做。不要做沒有誠意的道歉，做再多遍也是沒有結果的。

再談及時。發現問題後，最好是及時道歉，這樣可以把損失控制在最小範圍。不要等到問題暴露得越來越多再來補救，那時的損失可就大了。

正面案例：嬌生事件

我們不妨來看三個例子，看完之後或許就更能理解「誠懇」和「及時」這兩點的重要性了。

第一個例子是嬌生公司（Johnson & Johnson，J&J）的案例。它有一款賣得很好的非處方藥泰諾（Tylenol），是一般人用來止痛和退燒的。在二十世紀八〇年代初，泰諾在美國成人止痛藥領域的市占率超過三十五％，年利潤達到嬌生公司總利潤的十五％以上。

但在一九八二年，發生了一起轟動一時的案件：有人把氰化鉀注入還未售出的泰諾藥瓶中，最終導致七人因服用該藥而死亡。這起下毒事件並不是嬌生公司的錯，但媒體曝光之後，對其產生了巨大的負面影響，被稱為「泰諾危機」。

這件事是因他人所致，並不是嬌生的藥品生產線出問題，如果你是該公司的執行長，會如何處理？

我們來看看時任嬌生CEO詹姆斯．柏克（James E. Burke）的做法：立即在電視上向消費者道歉，誠懇地承認嬌生有錯。

柏克說：「因為瓶子設計有缺失，容易被人打開。從這方面來說，嬌生公司有不可推卸的責任，所以我向大家道歉。」

柏克接著說：「不要再用舊的泰諾了，因為那些瓶子的設計不安全。公司正在生產一種新的、非常安全的藥瓶，一旦被打開或者被破壞，上面就會有明顯的痕跡讓人能夠察覺到。」

他同時還聲明，所有客戶都可以拿舊的泰諾免費換成新的。然後嬌生公司馬上採取行動，回收當時所有藥店貨架上的泰諾，並全部銷毀。

其實，當時的致死事件，全部發生在美國芝加哥地區，基本上可以推斷嫌疑犯應該是在芝加哥附近下毒，其他地方的藥品應該是安全的。如果只召回芝加哥地區的藥品，也可以讓公司減少一點損失。但柏克堅持要召回所有藥品，這個決定讓嬌生公司付出了一億美元的代價，這在當時是非常巨額的一筆錢。

柏克還宣布，危機處理完畢之後，他會辭去CEO的職位。但事實上，民眾都非常讚賞其行為，嬌生公司的股價很快回升，甚至超過危機之前；五個月之內，泰諾的市占率就恢復到危機之前的八十五%；一年之後，泰諾幾乎完全恢復之前的市占率，嬌生公司的損失也漸漸縮小。另外，由於消費者、投資人和公司上下對柏克的認可，他被挽留繼續擔任CEO。

在嬌生公司一百三十多年的歷史上，比柏克業績更好的CEO有很多，但是現在一說到嬌生的CEO，大家馬上就會想到柏克。這就是誠懇而及時的道歉帶給他的終身榮譽。

反面案例：豐田「煞車門」事件

二〇〇八年之前，豐田公司在北美的市占率，已經超過通用和福特這兩家美國廠商，越來越受歡迎。但是，二〇〇九年豐田汽車被爆出煞車有問題。資料顯示，西元二〇〇〇年到二〇〇九年，豐田汽車的煞車問題可能導致二十一人死亡；在二〇〇九年二月份的三個星期內，又新增九起相關的事故投訴，涉及十三人死亡。但在處理這一危機的過程中，豐田公司一直拖拖拉拉、遮遮掩掩。

日本有句諺語，大意是說，「要是聞著發臭，那就蓋上蓋子」。

豐田公司一開始就想「蓋上蓋子」了事，直到後來相關投訴越來越多，證據越來越確鑿，他們才承認問題。

這時事件已經在全世界鬧得沸沸揚揚，幾乎到了無法收拾的地步。最後，豐田公司的社長豐田章男，不得不在達沃斯論壇（Davos Forum，亦稱世界經濟論壇）上向全世界道歉，並且表示要設立專門委員會來解決這件事，但為時已晚。

此事最終讓豐田公司在全世界大規模召回有問題的汽車，直接損失超過十億美元，加上在隨後十年間市占率的萎縮，以及股票的暴跌，總損失達到幾十億美元。直到今天，豐田公司在北美的市占率（十四％），還沒有回到二〇〇八年（十七％）的水準。

政界、科技界、企業界的領導者，不僅要對自己的行為負責、對企業負責，更重要的是對客戶、對整個社會負責。能否勇於承認錯誤、及時道歉，是對一位領導者重要的考量標準。

會道歉能及時止損

有的人可能會說，我不可能像汽車廠或者製藥商那樣，犯了錯誤就會嚴重地傷害到社會公眾，是否有必要公開道歉呢？能否給自己留一份顏面呢？對於這個問題，我也來舉一個例子，看看不道歉會怎麼樣。

著名分子生物學家、諾貝爾獎得主戴維．巴爾的摩（David Baltimore），曾是麻省理工學院的著名教授，還主持創建了懷特海德生物醫藥研究所（Whitehead Institute for Biomedical Research），並擔任首任所長。在國際生命科學界，稱得上是一位叱吒風雲的人物。但他在擔任洛克菲勒大學（Rockefeller University）校長時，被牽扯進一起學術造假的爭議事件中。

一九九一年，巴爾的摩的一個研究夥伴，塔夫茲大學（Tufts University）的日裔女教授今西加里（Thereza Imanishi-Kari），被團隊中的一位博士後研究員指控論文數據造假。當時被質疑的文章，是一篇發表於一九八六年的免疫學論文，今西加里和巴爾的摩是文章的共同作者，但研究是今西加里主導進行的。面對這一指控，巴爾的摩出面為今西加里辯護，說科學文章中出現錯誤是經常發生的，不能說有錯就是造假。

但後來事態逐漸嚴重，以至於美國國會成立了一個特別小組專門調查此事。而巴爾的摩此時表現得越發強硬，甚至質疑國會調查屬於政治干預學術的行為。這件事越鬧越大，學術界很多人對他提出了批評。洛克菲勒大學校董會認為，一個如此有爭議性的學者，不適合擔任一所著名大學的校長，於是他被迫辭職。

此後，巴爾的摩回到麻省理工學院擔任教授。一九九六年，今西加里論文事件的調查結果出來了，當時的指控並沒有被證實。由於他在科學上做出過巨大貢獻，所以在一九九七年被加州理工學院聘為校長。但幾年後，再次因為過去的下屬盧克·范·帕里斯（Luk Van Parijs）學術不端（Academic Misconduct）的行為，辭去了該學院校長的職務。

雖然巴爾的摩本人成就非凡，獲得過諾貝爾獎和美國國家科學獎，但這並不意味著，他可以拒絕接受對他下屬學術不端行為的調查，而且還不願承認錯誤。

雖然這些錯誤並沒有直接傷害到什麼人，甚至其本人也無須擔負主要責任，但是在錯誤面前拒不承認、拒不道歉的行為，依然會讓他付出代價。

當然，在學術界，大家多少要留些顏面，即便辭職也會找出一些相對體面的理由，讓人覺得那件事可能尚未定案。但是媒體並不客氣，從一九九六年到二〇〇七年，《紐約時報》等主流媒體都在批評巴爾的摩的做法。

我之前在《格局》一書中提到，在必要的時候需止損。道歉也是一種對名譽和利益的止損。只有在該道歉的時候道歉，才有重新開始的機會。

05／如何防止被他人左右思想

在傳媒發達、人際交往頻繁的現代社會，保持獨立思考的能力很重要。而和獨立思考相對應的，就是被人「洗腦」。被「洗腦」後，損失的不僅僅是自己的思想，還有切身利益。

二〇二一年底，某家化妝品企業被爆是傳銷公司，高達六億元人民幣資產遭到凍結。這家企業的創辦者是一對藝人夫婦。在人生的前四十年，他們和化妝品行業毫無交集，卻能夠利用微信朋友圈分享、銷售產品做幌子，在短短數年時間裡，做到月營業額達一百五十三億元，還成了當地的納稅冠軍。

問題被爆出來後，大家才發現，那些幾百元一盒的所謂特效化妝品，不過是成本四塊錢的廉價代工品。很多人得知真相後大呼上當。但問題是，為什麼有那麼多人會受騙？簡單來說，就是被「洗腦」了。

「洗腦」這個詞誕生得很晚，它的出現應該與美蘇冷戰時期兩國的情報競爭有關。相傳當時雙方都製造了一種可以改變人類心智的機器。不過，根據英國作家多明尼克・斯特雷特菲爾德（Dominic Streatfeild）在《洗腦術》（Brainwash）這本書中的闡述，「洗腦」這種說法是一個神話，世界上並不存在某種裝置或者技術，能夠立竿見影地改變一個人的心智。

但是，卻早已有透過各種方式影響，甚至操縱他人心理和思想的做法。從古埃及留下的《亡靈書》（註1-3）中可以得知，早在三千多年前，就有各種所謂的通靈者、祕密團體和邪教領袖，利用種種方法來操縱人們的心理。在接下來的數千年裡，這些為人所不齒的「技巧」，也隨著技術的發展，而不斷變換花樣。但是，不管洗腦術怎麼變化，一些基本的原則都是類似的。

洗腦者的技巧

洗腦者最常用三種技巧，讓人逐漸忘記獨立思考，封閉開放的心態，最終聽信他們所捏造的謊言，從而達到攫取利益的目的。了解這些「技巧」，我們就能比較容易避免被「洗腦」。

第一個技巧，就是抓住對方的弱點。

「洗腦」的受害者，通常都是被加害者抓住弱點的人。如古代很多信巫術的人，是因為疾病纏身而痛苦不堪，即使是身居高位者也會如此。像漢武帝、唐太宗這些著名的古代君主，到了晚年病痛不斷，身邊就會出現一些方士或者神棍；再如末代沙皇尼古拉二世（Nicholas II），也曾被妖僧拉斯普丁（Grigori Efimovich Rasputin）玩弄於股掌之中，而這與尼古拉二世的孩子被血友病所折磨有很大的關係。

美國有研究認為，最容易被「洗腦」的，往往是那些生活不幸的人，包括長期失業者、剛剛離婚或者失戀的人、慢性病人、剛剛失去親人的人、社會邊緣人等。

這些人有一個共同特點，就是非常需要幫助卻又十分無助，於是很容易被洗腦者乘虛而入。

註

1-3　指古埃及帝王死後，放在陵墓和石棺中供死者閱讀的書，是人類遺留下來最著名的文獻及最早的文學作品之一。內容多是對神的歌頌和對魔的咒語，同時也包括豐富而生動的古埃及神話和民間歌謠。現存的《亡靈書》大多是從金字塔和古代陵墓中發掘出來的。

洗腦者還有一個常見的行為特徵，就是強行製造焦慮，讓本來沒有問題的人覺得自己有問題。焦慮讓人恐懼，恐懼使人痛苦，這樣一來，洗腦者就有了可乘之機。

我見過不少子女抱怨家裡的老人亂花錢買保健品，但是他們平時卻很少關心老人，電話都不打一個，更不要說陪伴了。這實際上就是把老人丟進一個孤獨的環境，此時容易被保健品推銷員乘虛而入也就不奇怪了。

這些人會刻意挑撥老人和子女的關係，說子女反對的原因是因為怕花錢，讓老人不信任自己的孩子。失去孩子支持的老人會變得更脆弱，更容易被「洗腦」。

很多孤獨的老人會結成一個小圈子，結果就是一個老人被糊弄買保健品之後，一群人都會跟著受害。

有一次，我太太的長輩打電話過來，請她幫忙鑑定一種保健品。我太太一看那東西就知道是三無產品（無生產日期、無成分明細以及無生產者名稱），一年還要花掉四、五萬元，便告知這是騙人的玩意。這位長輩就說，他們社區有不少老人都掉進這個騙局，但他因為社會關係比較豐富，能夠及時和晚輩溝通，就沒有被坑。

洗腦者很難控制心智健全的人，他們的目標往往是那些弱者，並且會將弱者與其周圍心

智健全的親友隔開。

要避免被「洗腦」，就要保護自己的心理健康，不要被強行製造的焦慮所感染。如果在生活中確實遭遇了不幸，可以向親友和專業人士求助，不要依賴來歷不明的人。

第二個技巧，就是擊垮對方的自尊心，讓對方放棄原來的想法，接受洗腦者所灌輸的觀念。

在戰爭中，這種做法常被用在對戰俘的審訊和策反上——先是隔離，然後透過言語和行為上的侮辱，來擊垮對方的自尊心。雖然在肉體上虐待戰俘，已經被《日內瓦公約》明令禁止，但很多時候，精神打擊比肉體酷刑更能摧毀一個人。

相信大家對「斯德哥爾摩症候群」（Stockholm syndrome）都不陌生。一九七三年，兩名匪徒搶劫了瑞典首都斯德哥爾摩的一家信貸銀行，並劫持四位銀行職員。在與員警僵持近六天後，匪徒最終投降。

然而幾個月之後，當初那四名被綁架的銀行職員，卻仍然對匪徒心存憐憫，甚至對警方採取敵對的態度。這種受害者對加害者產生情感依賴的現象，就被稱為斯德哥爾摩症候群。這其實也是被「洗腦」的結果。

生活中，我們幾乎都不會被人身綁架，但很多人可能在職場，遭遇過精神的打擊和控制。如被主管貶低得一無是處，卻在精神上屈服於這種權力關係。再如，有的老闆讓員工無酬加班，還心甘情願朝九晚九，一周工作六天，稱工作是員工的福報。有的人最初會反感，時間長了卻會反過來為老闆的這種做法辯護。

我並不反對加班，自己也曾經一星期工作七十個小時。但是我所贊同的加班有兩個前提：**第一，要個人自願；第二，要有回報和補償**。

這種補償不一定是透過加班費的方式直接給予，也可以是透過員工認股權的方式補償，或者是透過晉升的機會回報。

但現在很多企業的加班，是要求員工無償奉獻，他們的慣用邏輯是，離開公司你什麼都不是、經濟不景氣、公司給你工作機會是一種恩賜等等。

我在對很多年輕人演講時，每當我說到年輕人可以有很多就業選擇時，就有人覺得我是站著說話不腰疼。

有的人會說，「我們沒有選擇啊，離開現在這家公司，怎麼生存呢？」其實，在經濟增長速度如此快的社會，怎麼可能沒有其他選擇呢？

經濟高速發展和沒有其他就業選擇，這兩件事顯然是矛盾的。如果腦子裡有這樣的想法，就是被「洗腦」的結果。很多年輕人在不知不覺中，成為職場「洗腦」的受害者，認為自己離開這家企業便一無是處。

同樣地，有的家長經常把孩子貶得一文不值，然後說孩子只能如何如何，以後能有碗飯吃就不錯了。雖然這只是父母一時的氣話，但從行為來講就是「洗腦」，其結果是摧毀孩子的自尊心和自立的能力。

如何防範這一類的「洗腦」呢？最簡單有效的辦法，就是拋開感情因素，就事論事地做判斷。如被強制要求加班，好不好找工作是一回事，對方違反勞基法要求無償加班是另一回事。既然法律規定不能強制加班，那麼公司這樣要求就有問題。另外，對於斯德哥爾摩症候群的患者來說，匪徒可不可憐是一回事，他們違法了是另一回事。

第三個技巧，就是恐嚇受害者，必須「和其他人保持一致」，不能有自己的想法。

很多人放棄獨立思考能力，內心變得麻木，都是出於這種恐懼。「從眾」的壓力深埋於人類的心理之中。

曾經有心理學家做過實驗：讓一些大學生做選擇題，然後假裝無意間透露一些資訊，說某道題大部分學生選擇的是某個答案（這個答案其實是一個錯誤選項）。在接收到這種資訊之後，很多原本做對題目的人，往往會把自己的正確答案，改成那個「大眾」的錯誤答案。這就是典型的從眾壓力。

洗腦者往往會借助人性的此一弱點，在一個問題上將個人孤立出來，形成一個「局部的大多數」，讓這些個人屈服；然後再在另一個問題上，孤立另一部分的個人，讓他們屈服於大多數；如此炮製幾番，最後在一個小圈子內，大家就都接受了洗腦者的想法。

現在網路上所謂的「帶風向」，很多時候就是透過「網軍」製造出一種「局部的大多數」，引導一些人放棄自己的看法。在前面提到的明星開傳銷公司的例子中，當千百萬人都被騙進去之後，他們就形成了「局部的大多數」，有的親朋好友會懼怕他們的壓力，最後放棄獨立思考的行為，開始變得人云亦云。時間一長，便習慣屈服於大眾的壓力，最終喪失獨立思考的能力。

如今網路特別發達，一些意見領袖的聲音被迅速傳播，極易在社群媒體上形成「局部的大多數」。在這樣的社會裡，做到獨立思考不僅更有必要，也是一種特殊能力的展現。如果能了解洗腦者常用的技巧之後，再面對他們時，就能夠有更高的警惕心和更清晰的防範意識。

堅持獨立思考

為避免對過多的資訊洗腦。可做到以下三點：

一．遠離那些不可靠的、強行製造焦慮的資訊源。

二．任何事情都要從多個管道、正反兩方面獲取資訊。

三．主動走出去探求資訊，而不是只靠被動的推薦系統來得到。

這樣做，就不容易被網路上嘈雜的聲音所左右了。

當然，最重要的是，需要建立強大的內心，不被別人的精神酷刑所恐嚇和擊倒，始終堅持自己的獨立思考。

06／最吸引人的聊天內容

贏得朋友的好感和友誼，需要聊天；維持良好的朋友關係，也需要聊天。你會和某些人聊天會非常開心，時間不知不覺就過去；和其他人聊天，則很想快點結束、逃離現場。決定聊天效果的因素有很多，而最重要的，可能是談話的內容。

良好的談話內容通常有三種，先說說第一種：親身的見聞和經歷。

魯迅在《阿Q正傳》裡說，阿Q在未莊處於社會最底層，所有人都看不起他。但就因為進了一次城，有了經歷，原本是小混混的阿Q，居然贏得了未莊人的關注，連帶地位也提升不少。原文寫道，「（阿Q）在未莊人眼睛裡的地位，雖不敢說超過趙太爺，但謂之差不多，大約也就沒有什麼語病的了」。

阿Q的談話內容很日常，比如將長凳稱為「條凳」、煎魚用蔥絲、女人不同的走路姿勢，甚至孩子們會打麻將等等，在城裡是稀鬆平常的事情，但在沒出過門的未莊人聽來卻很新鮮。至於城裡革命黨的事情，鄉下樸素的農民更是聞所未聞。

對於親身的見聞吸引人這一點，我是有切身體會的。

大概在我上初中的時候，我父母的同事每次出國回來，總會和我們分享些不一樣的見聞。不管他們本人是否健談，有了這些經歷，他們就會成為大家談話的中心。當然，現在大家出國的機會多了，也能從電視、網路上看到國外的新聞，原來那些尋常見聞也就不再是特別的經驗了。

一、旅行的經歷記錄

從資訊理論的角度看，當一些內容被大家了解以後，它們的價值就降低了。這個時候，如果你還想講出不一樣的內容，就要依賴獨特經歷了。

古人常說，要行萬里路。走了萬里路，才會收穫別人見不到、沒聽過的資訊。但同樣是行萬里路，不同人帶回來的談資也會天差地遠，因此這萬里路怎麼走就很有講究了。我在大學時讀到《培根隨筆集》中〈論遠遊〉（註1-4）這一節，很受啟發。

培根先強調走萬里路的重要性。他說，「遠遊於年少者乃教育之一部分，於年長者則為經驗之一部分」。接著又說了出門前要做好準備。在他那個時代，他提倡最好要先學會當地語言，找有學問的人一起去，並且隨身攜帶當地的地圖和書籍，以便隨時查閱。這樣，等到了國外，「有何人當交，有何等運動可習，或有何等學問可得」，心裡就有數，否則就「猶如霧中看花，雖遠遊他邦但所見甚少」。

培根還說，每到一個新的地方，值得去做的事情非常多，從參觀宮廷、見識外國的正規活動，到遊歷古蹟和景點、觀看當地的戲劇演出、參加當地人日常的活動，不一而足。

這個時候要注意選擇，不要在同一個城市長久逗留。在每個地方待的時間，要根據當地的遊覽價值來決定。此外，培根還建議在遠遊時記日記，把所見所聞寫下來。這個建議我覺得非常好。

我後來無論是出差、旅行，還是到一個地方短暫生活，都會特地去了解當地文化和風俗民情。雖然做不到堅持寫日記，但是也會用相機做記錄，同時在腦子裡梳理一下，哪些事情值得講給朋友聽。

二、別人不知道的新知

接下來說說第二種談話的內容是：平常的閱讀內容，或者從別人那裡聽到的事情。每個人都經常扮演轉述者的角色，因此實際上是從他人那裡得到消息作為聊天使用。不過需要注意的是，有些內容並不適合作為談話內容。

首先是焦點新聞。雖然大家都喜歡聊新聞，喜歡發表意見和看法，但其實絕大部分新聞

註

1-4 《培根隨筆集》有多個譯本，本書引用的是曹明倫翻譯、人民文學出版社的版本，譯文優美、有古意。

內容都是眾所周知的，缺乏新意。

換作是我們自己，也並不想聽早已知道的，或者已經上了網路熱搜的事情，這是人之常情。如果一定要談，最好能講出獨到的見解。

其次是小道消息。老實說，小道消息確實是有訊息增量的，很多人也愛聽，甚至會把它當作獲得資訊的主要來源。但我還是建議不要將小道消息做為聊天素材。人是很矛盾的，雖然這類談資提供了資訊，他們也聽得挺興奮，但心裡還是會覺得這是流言蜚語。

如果你經常說小道消息，他們還會給你打上「愛說八卦」的標籤，甚至在心裡瞧不起你。你提供的資訊，日後若是被驗證為真則還好，如果被證實是謠言，就會損害名聲和信譽。退一步說，就算一次兩次的小道消息有價值，長期來看，一個人也不大可能一直有準確的小道消息。如果是有內部知情人士，那他們可能透露本該保密的資訊，或者侵犯別人的隱私，問題就更加嚴重。

再次是專業知識。很多人忍不住把自己的專業知識當作聊天的內容，如果找到對口的人還好，如果沒找對人，談論這些內容，很可能會把原來輕鬆的氛圍搞得很尷尬。

最後是小說。很多人以為，小說內容是很好的話題。其實，這也要視情況而定。如果對方讀過那本小說，如《三國演義》或者金庸的系列，內容他都知道了，那轉述情節就沒什麼意思。如果他沒讀過，你就需要很會講故事，否則接下來就是一個人在那裡口沫橫飛，另一個人覺得浪費時間。至於一些小眾、不算流行的小說，很可能自己喜歡，但別人不一定喜歡。

如果一定要把小說當作談資，我建議多談大家熟知人物的分析和看法。

例如，對曹操的看法。當然，這需要有獨到的見解，簡簡單單地說「曹操是梟雄」，是沒有任何訊息量的。

講完了不適合作為談話的內容，再來看看哪些內容最適合作為談資。從資訊理論的角度講，一類是新知，因為大家不知道，所以特別有價值；還有一類是通識和科普知識。

需要注意的是，這裡說的科普知識和前面說的專業知識不太一樣，它們屬於專業領域裡的常識，但卻是大部分外行人不知道的。而且，這些知識可應用的範圍又特別廣，像是音樂、繪畫的基礎知識，一些和健康相關的常識，等等。

三、獨到的加工解讀能力

第三種聊天元素，也是我認為最有價值的，就是經過自己頭腦加工出來的內容。當然，這些內容需要原始素材。

如今即使能背誦百科全書是沒有用的，一方面是因為人們可以從很多管道獲得這些知識，另一方面是因為那些知識的表述方法，未必適合大眾接受。

打個比方，照搬照抄的知識，就好比做菜用的食材，雖然食材和成品的營養成分大致一樣，但是很少有人願意直接吃，更何況很多食材加工以後才好消化。因此，像百科知識這樣的資訊，最好加工成「菜餚」，再拿出來說給別人聽。

同一個場景、同一本書、同一篇報導，每個人讀出來的資訊都不一樣。有的人能發現問題，而有的人做不到；有的人能把這些素材深度加工，推導出新的結論，而有的人只能看到一般的知識點。

譬如拉斐爾的名畫《雅典學院》（見圖1-1），有的人看到了作者的高超畫技，有的人解讀出畫裡的每一個人，其實都代表了古希臘的一段文明。要加工上述知識，就需要了解古希臘的文化、思想和科學成果，更需要把各種知識融會貫通，並且加以認真思考。

加工資訊，產生新知，是需要付出成本的，有時還是很高的成本。

你可能聽過一個關於培根的傳聞，說培根之死和母雞有關。那是一六二六年初的一個風雪天，培根突發奇想，想研究一下冷凍和防止腐爛的關係，於是就抓了一隻母雞去雪地裡做實驗，結果得了感冒，引發了支氣管炎，最後病死了。

在此不對這個傳聞的真實性做討論，只是想說如果了解培根，就會覺得這個傳聞與他素來的思想

圖 1-1：拉斐爾《雅典學院》

和行為是一致的。培根對自然有著強烈的好奇心，這種好奇心促使他不斷探索新知，從而說出「知識就是力量」這種擲地有聲的名言。可以說，培根能成為哲學史和思想史上的重要人物，和他對知識的不懈追求有密切的關係。

總之，親身見聞和經歷、閱讀來的內容和聽別人說的事情，以及經過頭腦加工出來的新知，都可以作為談話的內容。

但在這些元素裡，真正吸引人的是最後一種。

當你見識了世界，了解各種知識，用自己的頭腦加工處理，把它們融為一體，才能昇華自己的內涵。畢竟，好的聊天品質應該是對聽眾來說，是有意思的、有啟發的知識和有獨特思想。

本章重點總覽

- 《神探窺心術》中指出，觀察一個人扔掉的垃圾，就能判斷他是什麼樣的人。
- 不要輕易對人產生偏見，多觀察別人，勿隨便發表評論，很多事心裡有數就好。
- 以未來的立場來選擇適合來往的人。
- 讓你變得更好的婚姻才會長久。
- 對於人品有問題的人，最好遠離，以免帶來更大的禍害。
- 道歉是處事為人的基本功。什麼樣的道歉才恰當，一是誠懇，二是及時。

INSIGHT

02

洞察力

別人看到的事情自己早已看到，別人看不到的東西自己也能發現，這就叫作「洞察力」。它不是天生的，而是後天培養出來的。培養洞察力最有效的方法，就是借助一些工具。

07／分析歷史事件的八個維度

洞察力首先來自探索問題的全面性和深度，但全面性並非面面俱到，因為不僅沒必要，而且沒有可操作性。對於一般的問題，通常掌握幾個分析的角度就夠了。即使是對影響力深遠的歷史事件，從八個角度考察也非常足夠。這八個維度，是美國的大學裡學習歷史、研究歷史的標準路徑。

但需要注意的是，並非所有的歷史事件，都會同時在這八個維度上產生影響。不妨來看一看這八個維度和歷史的關係，理解一下洞察和分析複雜問題的方法。這些方法完全可以用在考察當下的事件中。

第一個維度，是民族和國家認同。

歷史實際上是關於國家和民族的故事，而非幾個英雄人物的傳奇。翻開《二十四史》，書中所談大多是關於個人的故事，大部分是直接講述；關於國家的記載反而非常少，常常需要透過個人的故事加工後復原出來。由於記敘歷史的人，其復原方法、重點和價值觀不同，最後呈現出來關於國家和民族的歷史，也就完全不一樣。

例如宋朝，陳寅恪先生認為它是中國歷史上最好的朝代，而錢穆先生則認為它是積弱不振的朝代。今天的人寫歷史，通常會直接從民族和國家這個維度上動筆，這也是現今的歷史專著和過去的《二十四史》之區別。

既然民族和國家是主體，那麼學習歷史，首先就要了解某個民族和國家是怎麼誕生的，國內各民族的人，是如何對一個國家和政權產生認同的。像是要了解古羅馬的歷史，就需要知道它是如何從拉丁人的部落開始，接著聯合薩賓人（Sabine）和伊特拉斯坎人（Etruscan）等三個部落，組成羅馬人公社，然後一步步在亞平寧半島建立起王政、共和國和帝國。

在這個過程中，它又是如何將古希臘、古埃及、小亞細亞、高盧、英格蘭等地的居民整合在一起，構成一個多民族國家。同樣地，要了解清史，就需要知道漢、滿、蒙、回、藏各個民族，是如何對大清這個國家產生認同的，而不是簡單地理解成清軍入關取代明朝就完畢了。

第二個維度，是經濟、貿易和科技。

過去的歷史書，對經濟、貿易和科技講得比較少，而學歷史的人，對這些內容也常常沒興趣。但是不妨想一想，歷史上的每一個人，一生中大部分的時間並不是在打仗，而是在從事經濟建設和貿易。而且在人類整個歷史過程中，只有科技是唯一不斷進步的。基於這些事實，即能得知從經濟、貿易和科技維度了解歷史的重要性。

在古代，人們對歷史、政治、軍事乃至宮廷鬥爭的興趣，遠比對經濟的關注多得多，這可能是出於對權力的崇拜。事實上，過去的歷史書不是寫給老百姓看的，而是寫給統治者參考的。但是如今情況大不相同，對我們來說，關心社會的變化和發展，特別是經濟和科技這一塊，要比關注打仗或者宮廷政變更重要。這種變化也成就從經濟學等新的角度研究歷史的人。

費正清（John King Fairbank）過去被認為是全世界研究中國歷史最有成就的人之一，主要就是因為他從上述角度重新分析中國歷史，得到很多與過去不同的結論。

現在國內不少歷史類新書，也是從這個角度來看待歷史，帶給讀者全新的認識，讓讀者很受啟發，如馬伯庸先生的《顯微鏡下的大明》。

我寫歷史也大多是圍繞經濟、貿易和科技展開的。這倒不完全是我想迎合潮流，更重要的是從這個維度看待歷史，更具有現實意義，能夠為大眾思考社會問題提供案例。

第三個維度，是地理和環境。

這也是過去歷史書中缺失比較多的一點。實際上，在中國歷史上，決定漢民族活動疆域最重要的因素，就是地理和環境，其中包括地形、地勢的限制，如東部的大海和西部的高原、戈壁；還包括常常為人所忽視的氣候條件，如四百公釐等降水量線（歷史學家黃仁宇所提出，指中國東北到西南的一條降水量線）這條森林植被與草原植被的分界線。

為什麼這條線很重要？因為這條線以北，氣候就不適合農耕而適合游牧了，它通常是中國農耕民族和遊牧民族活動範圍的界線。長城的走向和這條線高度重合，這不是巧合，而是如果把這個邊界再向北推，漢民族政權即使短時間內能打下來，也守不住。

同樣地，八百公釐等降水量線則是中國水田和旱田的分界線，它和秦嶺—淮河一線是重合的。這也就是為什麼在南北對峙的朝代，大家常常以秦嶺和淮河為界。因為在軍事上，固然南方難以對擁有騎兵的北方構成威脅，但北方的騎兵越過這條線，進入水網密布的南方，優勢也不容易發揮出來。但是在過去的歷史書中，這個事實被歷史學家們忽略了，這主要是因為他們對地理、氣候和生物學的了解有限。

過去的歷史學家，只能把王朝的興衰，歸結到個別明君賢相、昏君奸臣身上。而事實卻是，地理和環境的影響，可能比個人的影響要大得多。理解這一點，就能明白什麼叫作歷史的必然性。

用這種思路分析當下的商業現象，就會發現，很多外在潮流的趨勢，要遠遠超過一些人的主觀影響和具體決定。這也是我寫《浪潮之巔》一書的初衷之一，即個別企業家的作用，遠遠抵不上大趨勢的走向。

第四個維度就更貼近人了，是指人口的流動、遷徙和安頓。

以中國的歷史來說，就是北方民族不斷往南遷徙、滲透和融合。我注意到一個現象：中國北方民族，包括華北和東北地區、蒙古族和朝鮮族的人，臉部脂肪比較厚，特別是眼睛下方會有眼袋狀的脂肪；而嶺南人瘦臉圓眼的比較多，這其實就是民族融合的結果。

中國北方地區的人，很多是兩萬年前，從西伯利亞來的蒙古人的後裔，或者具有較多早期蒙古人外貌特徵者的後裔，那些地方的人，需要抵抗嚴寒的氣候，因此臉頰有厚脂肪，而眼睛下方的脂肪，則是為了防止雪地反射的陽光對眼睛的傷害。你如果看過橄欖球和棒球比賽，會發現球員的眼睛下面，要塗上厚厚的黑色顏料，那也是為了防止地面反光影響打球。

中國南方和東南亞的人，很多是四萬年前，進入該地區的馬來人的後裔，或者具有較多馬來人外貌特徵者的後裔。從南方來的人不需要抵抗嚴寒，因此臉上的脂肪較薄，骨骼顯得突出，眼睛就顯得比較大。

在中國的歷史上，發生過多次大規模的移民和遷徙。他們不僅塑造了歷史的走向，也造就今天全國各地的民風民俗，甚至影響到周邊國家的形成。如中亞各國的建立，和中國西部、北部在歷史上的人口遷徙有很大關係。

要全面了解歷史時，人口的流動、遷徙和安頓這個維度，是不能忽略的。

但是，過去的歷史書總要確定一個正朔（註2-1），而且常常是將中原的漢民族王朝作為正朔。相同地，十九世紀之前的西方歷史學界，也有歐洲中心論的歷史觀。

這種歷史觀在過去沒有問題，但在現在，我們需要意識到，實際上是生活在中華大地上的全體人民，共同書寫了中國的歷史，一如世界各國共同譜寫了世界史。

第五個維度，是政治和權力。

這也是過去歷史書中最常強調的、最主要的，有時候甚至是唯一的維度。《春秋》和《戰國策》中記載的，基本上就是政治、權力變遷和戰爭的事情。政治和權力對於一個國家而言，當然很重要，但它只是多個維度中的一個而已。如果大家翻閱一下最近三十年出版的歷史書，特別是西方人所編寫的，就會發現這部分的占比非常小，可能也就是八分之一。這倒不是政治和權力不重要，而是過去太看重，過度放大它們在歷史中的分量。

第六個維度，是時間和空間，也就是將國家的某一段歷史，放到更廣闊的視野中來考察。

目前的歷史學界，有個被稱為「大歷史」（註2-2）的概念，其核心就是從更大的時間和空間維度，來考量一個歷史事件。

空間維度主要是指一個國家，在世界上的位置和作用。像我們要客觀地理解，中國近代史上的「五四運動」和「廢除二十一條」這兩件事，就不能不去了解世界史的巴黎和會，和一九二二年召開的華盛頓會議。

很多人知道「五四運動」，也有很多人知道「二十一條」，但是很少有人探詢為什麼後來「二十一條」悄無聲息地消失了。其實，這就和巴黎和會的延續——華盛頓會議緊密相關。在華盛頓會議上，美國鼎力支持中國廢除「二十一條」。而美國為什麼會這麼做？這又要回到當時的國際局勢了——美國希望透過支持中國，來削弱歐洲和日本在世界政治舞台上的影響力。整體來說，很多歷史事件，我們要想真正理解它，就必須回到一個大歷史的視野。

時間維度也很重要。

比如，要了解士族政治在中國歷史上的作用，就不能只知道士族大家主導的魏晉南北朝，還要清楚它形成的漢朝和瓦解的武周朝之歷史，甚至得將其與先秦的貴族政治，和唐宋以後依賴科舉制度的文官集團政治作比較。

註

2-1 此處指古代封建王朝正統地位。

2-2 這個詞如果從英語裡直譯過來，就是「宏觀歷史」的意思。

第七個維度，是國家內部地域之間的文化差異和關聯。

我們都知道，中國幅員遼闊，不同地區之間的文化差異也很大。而有差異，就有文化之間的互相作用和影響。如我們今天說的普通話，和明朝的「官話」有很大差別，這是因為普通話受到東北地區滿族語言和口音的很大影響。

中國是世界上少有、長時間保持「大一統」的國家，在其他國家內部，地域之間的文化差異就更明顯了。像印度，你可能聽說過大乘佛教和小乘佛教之說。按我的理解，這就與地域之間的文化差異大有關聯。流行於印度北部的大乘佛教，帶有古希臘思辨哲學色彩。這是因為亞歷山大大帝和他的部將塞琉古一世，在遠征時將希臘文明帶到那裡，兩種文化得以融合。而在印度南部，希臘文明的影響就小得多，因此發展出來的佛教形態，也與北部有所不同。

進一步地，由於印度北部和中國相鄰，具有思辨色彩的大乘佛教文化，就影響到了中國，而印度南部的小乘佛教，對中國的影響就相對較小。但是，小乘佛教從海上這條路線，傳播到了東南亞，因此東南亞各地受到小乘佛教的影響就較大。

我在《文明之光》一書中介紹元代青花瓷時，就是從文化融合的角度，來講解其歷史的。同樣地，今天一些歷史學家，透過絲綢之路或者白銀貿易等具體的事件，能夠把中國各地的歷史和文化關聯起來。

第八個維度，也是最後一個維度，就是社會結構。

我在《文明之光》中介紹日本明治維新時，從社會結構的角度出發，解釋了為什麼日本的維新容易成功，而中國同時期的變法就相對艱難，原因就在於這兩個國家的社會結構不同。日本雖然屬於中華文明圈，但是它的社會結構有點像英國，都是封建制，實行君主立憲比較容易。而中國是「大一統」的帝國，當時不具備君主立憲的基礎。過去講歷史時，對社會結構的分析常常過於簡單，如傳統的劃分法有地主和農民，或者士農工商。其實在每一個不同的歷史時期，社會結構都存在複雜的差異。

以上這八個維度，基本上適用於對任何歷史事件的分析。當然，你也可以再尋找其他的。但無論如何，需要有一些固定的、能覆蓋各種歷史的維度。這種方法不僅是今天學習和研究歷史的方法，也是我們分析和解決問題的方法。

宏觀地使用知識

現代人學習知識、獲取社會經驗比過去的人更快，看問題則更全面，一個很重要的原因，就是獲得認知、累積經驗的方法比過去好。

在古代，很少有人具備這樣宏觀的大視野，學者們的關注點，通常放在零碎的細節上或者僅僅浮於表面，那是因為他們沒有一個被不斷驗證、全面看待問題的框架，包括上述看待歷史問題的八個維度。

如今有了這樣的工具，就應該善用它們來看待身邊的事情，和現實生活中的現象。例如，在分析各個公司的特點時，從員工組成、技術／商業模式、所在地政策、業務擴展軌跡、管理方法、行業地位、內部文化、公司結構這八個維度來考察，就不會找不到頭緒了。

當然，你自己也可以試著整理出幾個維度，來分析身邊的人和事。

08／怎麼理解「選擇」和「搭錯車」

你聽過一種觀點嗎？即是再努力也不如找對方向。這句話沒有錯，如果一個人沿著錯誤的方向努力，就會離目標越來越遠。

事實證明，找對方向並不容易，而且很多找對方向的人，其實只是運氣好，他們事後總結的經驗，未必能保證別人也能得到同樣的結果。這個道理多數人都懂，於是他們想到另一種防範自己搞錯方向的做法，就是「勇於嘗試」。

如果人的生命有一千年，這可能不失為一種好方法。但是人生不足百年，真正在社會上活躍的時間，恐怕不足五十年，因此太多的方向等於沒有方向，而沒有方向比選錯方向還糟糕；而比沒有方向更糟糕的，則是選擇一個方向之後，又輕易地全盤否定這個方向。

著名的美籍英裔作家賽門．西奈克（Simon Sinek），在一次TED講演（註2-3）中說過這樣一句話，很多人一輩子一事無成，是因為他們總覺得自己搭錯了車。

我在「得到」App課程《資訊理論40講》中談過一個觀點，就是人在起步的時，要保留更多的可能性，但故事總有下半段，人最終需要選擇一條路走。而且有些時候，其實是「條條大路通羅馬」。

我們的父輩沒有那麼多選擇，因此免除此項煩惱。即便到了我這一代，十幾歲時面臨的選項也並不多。我在高中的時候，基本上只有兩條路可走，要嘛上大學，將來有個「鐵飯碗」，要嘛早早地找工作，養家糊口。我當時就在想，將來一定會讀大學，然後和喜歡的人結婚生子，像父母那樣，在學校裡一年一年地生活下去。

二十多年後，我和同學們談起這件事，驚訝地發現，他們年輕時的想法也大抵如此。很多人面對那種處境，選擇了順勢而為，這樣可能過得也很幸福——在一個自己熟悉並且眷戀的環境中終老，身邊的人和自己過得差不多，沒有對比也就不會產生「搭錯車」的遺憾。

不過，那個讓人眷戀、省心的時代已經漸漸遠去，新的衝擊正迎面而來。我們面臨的選擇太多了，選擇就變成非常重要的問題，它所帶來的煩惱，似乎要超過帶來的欣喜——一方面，當你面對選擇不知如何是好；另一方面，容易為自己的選擇後悔。

每個目標都會帶來不同的風景

現在面對太多的選擇，不少人擔心一次錯誤的選擇，會造成終身的遺憾。其實這種擔心大可不必。雖然不同的選擇會把你帶到不同的目的地，但每個地方都會有獨特的風景。

我經常被問到一個問題：該不該出國留學？這個問題其實就和你如何看待「選擇」有關。我自己在二十多年前出國讀書，當時留學要比現在困難得多，不僅前途的不確定性更大，而且在經濟上要完全依賴獎學金，風險很高。當時我讀到了一個故事，很受啟發。後來我把這

註

2-3　TED是「Technology, Entertainment, Design」在英語中的縮寫，即「技術、娛樂、設計」。TED演講是美國的一家私有非營利機構組織的演講大會，這個大會的宗旨是呈現「值得傳播的創意」。

個故事寫進給女兒的家書中，並收錄在《態度》這本書裡。這裡我們不妨再回顧一下。

從前，有一個年輕人要離開家鄉闖世界。臨行前，他找到一位智者諮詢。那個智者給了他三封信，對他說，第一封信等到了目的地打開；將來如果遇到過不去的坎，打開第二封；什麼時候閒下來，再看第三封。

這個年輕人到了國外，打開第一封信，裡面就簡單地寫了幾個字：「往前走，去闖」。於是他便義無反顧地隻身奮鬥。不過他的面前困難重重，人生地不熟，求學的道路也不順利，有時還要為下一頓飯發愁。他經歷過失敗，也常常被人們嘲笑。當他覺得堅持不下去，想打退堂鼓時，想到了智者的三封信，於是他打開第二封，裡面的內容依然簡單：「別灰心，繼續闖」。於是，這位年輕人又振作起來，艱辛地一步步往前走，最終闖出一片天地。

又過了一些年，這個人功成名就了，也不再年輕。他回首自己走過的路，有成功的喜悅，也有失敗的憂傷，雖然所得不少，但是代價也是巨大的。當年留在國內的同學，有些反而比他更有成就。他不知道自己走的路對不對，無意間他想到當年那個智者留給他的信。在過去的很多年裡，他努力打拚，甚至忘了第三封信。這一天他突然想起來，非常好奇那位已經逝去的老者，幾十年前留下了什麼話，於是他打開那封信。裡面依然只有幾個字，「隨緣，別後悔」。

在一個陌生的環境裡，生活大抵就該如此吧。

回到前面那個「該不該出國留學」的問題。說實話，如果沒有任何目的，只是想到海外過過水，對於家裡不缺錢的人來說，自然沒有問題。但如果留學的費用是一個不小的負擔，那這筆錢還不如省下來。當然，絕大多數計畫留學的人，我想還是有一個明確目的的，就是接受更好的教育，開闊自己的眼界。在這種情況下，那三條錦囊妙計想必對你也適用。

二〇二一年，一位讀者朋友在我的「得到」App 專欄《矽谷來信3》下留言。這段留言很有代表性：「身邊有很多年輕人，為了練就一身本領、接觸多元的文化，遠赴千里到美國『吃苦』，有的人為了留美的工作簽證或者身分，甘願領取不公平的薪資，忍受糟糕的工作環境。請問，像這樣子的『吃苦』，究竟值不值得呢？」

經常被問到類似的問題。對此，我的看法是，**很多人覺得困惑、苦惱，其實並不是真的無路可走，而是哪條路的好處都想要**。當然，還有的人自身能力不行，卻覺得換一條路就有機會。

其實，不會游泳的人，換一個游泳池，照樣只能泡泡水。但某些人想不明白這個道理，覺得這個游泳池人太多了，不好施展手腳，於是換一個游泳池，結果不會游泳的還是不會游泳。生活中有不少這樣的例子。如某人在留學仲介的幫助下，進入一所很不錯的美國州立大學，但因為學業基礎沒打好，自己又不下功夫，結果還是跟不上。

大多數情況下，決定一個人能走多遠的，是他自己的品德和能力，而不是他上了哪一班車。如果品德和能力不變，就算重來一次，換一班車，可能最後還是會到達同樣的地方。

人生的「三個錦囊」

我問過不少人，如果人生能夠重來一次，是否還會選擇同一條路，包括婚姻、所從事的工作，以及對子女的教育。他們認真思考後，七八成的人給我的答案是，估計還會走同樣的路。即使部分會選擇走另一條路，他們也都認為自己的婚姻狀況、經濟能力、社會地位，甚至身體情況，不會有太多的改變。

為什麼呢？因為很多人即使覺得現在的目的地不夠好，也無法保證換一班車，就能到達更好的地方。事實上，「搭錯車」的情形其實非常少，很多看似不經意的選擇，背後其實都有一個人自身強烈的意願。

如果人們處於一個沒有太多選擇的社會，就不會有什麼好後悔的。但是在今天的世界，每一個人都有很多選擇，而未來的世界，選擇可能會更多。

很多人誤以為選擇多就可以不努力，就可以得到所有的好處、達到所有的目的。若是無法得其所願，似乎就對不起這個提供很多選擇的時代。這是一種錯覺，他們把交通工具和目的地搞混了。我有兩個朋友是一對兄弟，他們當初的學習成績和個人能力都差不多。後來，一個選擇出國，成了教授；另一個留在國內，成了企業家。兩個人雖然走在完全不同的人生軌跡上，但都不後悔，也過得很開心。既然上了車，接下來把心思放在看風景就好，不要總想著如果上了另一班車，是否會看到更好的風景。

如何能過好一生？其實就是那三個錦囊中的幾句話：往前走，去闖；別灰心，繼續闖；隨緣，別後悔。

09／如何看待「愚蠢」

有些話題其實是值得一談的，但一般我們只會和自己信得過的朋友談。因此接下來這個話題，我曾經考慮再三，因為談不好會得罪很多人，這個話題就是「愚蠢」。

我之所以選擇了冒險談「愚蠢」，是因為大家在工作和生活中，無法避免這件事。一方面，我們總是努力不做「愚蠢」的事；另一方面，難免會遇到不適宜打交道的人，被他們拉進「愚蠢」的大漩渦中。因此，與其諱疾忌醫，裝作看不見，不如認認真真地思考這個問題，以便能夠識別它、應對它，一個人愚蠢的錯誤犯得少，好運氣就會比別人多。

需要說明的是，智商不高、知識不足這些情況，並不屬於這裡所講的愚蠢。我們知道有大智若愚、大巧若拙的情況，智商不高，也可能有別的優秀品德；知識不足，也不妨礙他以後能夠成長進步。

但真正的愚蠢就不同了，它不僅會妨礙你的生活和成長，很多時候還會影響到其他人。英語裡有一種描述「愚蠢」的說法很有意思，就是「knowing the truth，seeing the truth，but still believing lies」。意思是**知道了真相，看到了真相，卻依然相信謊言**。不過，這裡並沒有說是故意為之，還是力所不及。

西班牙語中也有類似對「愚蠢之人」的描述，講一個人如果對自己錯誤的行為不自知，就是愚蠢。換句話說，就是自以為是，看不到自己的無知。從這兩種描述都可以看出，是否愚蠢，和學歷、地位或者財富都沒有關係，甚至和智商也沒有太大的關聯。

覺得自己聰明時，就離愚蠢不遠了

不過，即使是愚蠢，也可以分為兩類。

第一類是暫時的愚蠢。某些人或許是因為年少無知，或許是因為一時不慎，不經意間做了蠢事。但只要懂得謙遜的道理，養成學習和思考的習慣，總能逐漸擺脫愚蠢的陷阱。

著名的哲學家盧梭，在他的《懺悔錄》（Confessions）中，講述了自己少年時做的很多蠢事和醜事，但在後來的學習裡，他追求理性，潛心思考，最終改變自己。我們很多人都有過類似的經歷，人無完人，難免做錯事，但只要能夠看到自己的錯誤，願意改變，走上正確的道路，終將擺脫愚蠢的思維方式，得到成長。

第二類是難以改變甚至不可改變的愚蠢。這裡面又細分為兩種類型。

一種是目光短淺，根本看不到自己的不足和錯誤，並對此不以為恥，甚至反以為榮。歷史上很多昏君便是如此。如北齊後主高緯，在國家風雨飄搖的時候，仍然荒淫無道，甚至自毀長城，殺害手下的名將高長恭、斛律光等人。再如金朝的海陵王完顏亮，篡位之後猜忌大臣，殘暴濫殺，最終在叛亂中被弒。

在今天的生活中，也會看到類似的現象。像是在職場的權力鬥爭中，有些人覺得事不關己，就跟著起哄、落井下石，直到有一天，自己也成為權力鬥爭的犧牲品。

另一種則是只有小聰明，沒有大智慧，卻自視甚高、高傲自大。用莎士比亞的話講，「聰明人變成了癡愚，是一條最容易上鉤的游魚；因為他憑恃才高學廣，看不見自己的狂妄」。我在《矽谷來信3》中說過，美國股市裡的「韭菜」們長什麼樣子。這些年輕人的受教育程度並不低，智商也不差，只是自己的智商和所受的教育，並沒有讓他們在投資中完全擺脫愚蠢的做法——他們不斷把辛苦賺來的錢送給投資機構，於是被視為「韭菜」。

社會地位高，未必就讓人更加睿智，有地位的人，蠢事也一籮筐，這樣的例子在生活中比比皆是。我過去在做生意時，注意到一個現象，那些商場上的「老油條」，經常被他們看不起，甚至笑話為「鄉巴佬」的人騙。

當一個人自覺聰明蓋世時，可能離愚蠢就不遠了。

歷史上的崇禎皇帝也是如此。他並不愚笨，否則也不會那麼輕鬆地扳倒魏忠賢。但正是因為很早就獲得巨大的成功，於是他陷入傲慢的迷思，認為自己總是正確的，出了問題都是因為臣子們水準太差。

電視劇裡經常出現所謂的霸道總裁，有的還把「霸道」當成具領導力，這顯然是脫離現實。現實中的「霸道」留不住人心，光桿司令又談何領導力呢？

別跟愚蠢的人辯論

人們常有迷思是，想要改變對方的愚蠢。這並不是可取的做法，因為它往往是無效的，還會浪費自己的時間和精力。愚蠢並不是無知，愚蠢的人往往是自以為有道理，而且備有一套怎麼說都能圓回來的邏輯。

有一句玩笑話是這樣說的：**和愚蠢的人爭論，會被他們拉低水準，然後被他們在低水準爭論中豐富的經驗所打敗。**

十幾年前，馬伯庸先生寫過一本諷刺小說《殷商艦隊瑪雅征服史》，用魔幻現實主義的手法，虛構一個殷商艦隊航行到美洲新大陸的故事。結果多年後不知怎麼以訛傳訛，有人竟然把虛構小說當成歷史觀點來講，將小說中一些幽默諷刺的筆法，當成歷史證據。譬如，他們說「印第安」其實就是「殷地安」，這個「殷」字就代表商朝。此乃無稽之談。但因為他們自有一套邏輯，和他們理論簡直是白費勁。

當你在生活中遇到有人做了蠢事，對方如果只是一時糊塗，不妨給他一次機會，這也是給自己機會。倘若對方表現出那些難以改變的愚蠢特質，不如珍惜自己的時間，選擇遠離。

比起在生活中遇見做蠢事的人，會對我們造成更大影響的，是在工作中遇到這樣的人。

識別「不可靠」的人

二〇一八年耶誕節，我和矽谷其他華裔頂級企業家聚會時，談到在職場上，如何識別那些不可靠的人。對於企業來說，只有避免讓這樣的人出現在團隊中，才能使員工有更好的協作環境，工作才會更有成效。根據我們的總結，一個人如果具有以下三種特質，就需要特別注意：

第一、精明而不聰明。有這種特質的人，通常依靠本能認知或者固有認知指導行動，非常懂得趨利避害，是那種典型的「精緻利己主義者」。他們可能常常笑臉迎人，看似友好，卻沒有什麼是非觀，不在意道德約束，任何蠅頭小利都不會輕易放過。你很難和這類人講行為的體面、合作與共贏，因為他們看似精明，其實愚蠢。

第二、好為人師。好為人師者在工作中可能曾經小有成績，有一些不完備的經驗，卻把這些成績和經驗看得太重，自以為是，遇到問題容易先入為主。這類人在談論到自己有一點經驗的話題時，會表現得好像無所不知，以教導別人為樂事，在心態上總有某種優越感。但到了實際工作中，就會發現他們往往是言過其實。

第三、不更新自己的知識，固執己見，對新事物和外部環境抱有敵意。這類人通常獲取資訊的管道很單一，主要是朋友圈和各種社群媒體。用現在流行的詞來說，就是陷在自己的「資訊繭房」（Information Cocoons）中出不來。

一旦習慣這樣的環境，他們就會固化自己的觀點，遇到什麼事都很快下結論，但這種結論只是撿現成的，並沒有經過思考。對於與自己認知不一致的內容和觀點，他們會毫不客氣地反駁甚至謾罵。

有一次我在某個派對上，遇到一個篤信陰謀論的人。他受過良好的教育，卻堅定地相信很多陰謀論，包括關於骷髏會和共濟會（兩者皆屬於兄弟會組織）的各種傳聞。後來我了解到，這個人很少看各大媒體的新聞，卻喜歡透過自己加入的各種論壇、朋友圈獲得資訊。時間一長，他就認為自己所在的小圈子裡的觀點是正確無誤，而外面大多數人的觀點是偏見。

這樣的人，是無法改變他的，還是敬而遠之為上。

我曾經請教過社會學家和心理學家，個人的愚蠢是否有什麼社會原因或者心理原因。所得到的答案是，愚蠢常常來自狹隘和自以為是，對於陌生的東西，不是去了解，而是武斷地下結論，並且認為自己總是正確的，甚至希望用自己的觀點同化他人。換句話說，就是無法容忍差異。

世界因差異而美麗。實際上，並非所有差異都是美好的，有些差異也許會讓我們痛苦。但是，卻依然需要允許這樣的差異存在，否則我們自己就可能陷入愚蠢。

10／登上聖母峰和成爲億萬富翁，何者更容易？

世界上總有一些事情讓大家覺得遙不可及，甚至想都不敢想。如登上聖母峰（或稱珠穆朗瑪峰）、拿下奧運冠軍、獲得諾貝爾獎和成為億萬富翁（註2-4）。但是，如果一定要給這四件事的難度排序，結果會很有趣。我問過身邊不少朋友，發現大家認為這四件事從易到難，分別是：

一、成為億萬富翁。

二、登上聖母峰。

三、拿下奧運冠軍。

四、獲得諾貝爾獎。

換句話說，我身邊的朋友們大多認為，相對於其他三件事，成為億萬富翁還算簡單的。

有意思的是，這個判斷和真實情況相去甚遠。我們不妨來看一下實際資料。

全世界有多少億萬富翁呢？截至二〇二一年，只有兩千多人；如果把過往的也加進去，大約能達到三千多人。而截至二〇一九年，登上聖母峰的就已經超過七千人，遠遠多於億萬富翁的人數。奧運冠軍就更不用說了，最近幾屆奧運會，每一屆都會產生大概一千位冠軍——雖然其比賽項目只有三百多個，但還包括足球、籃球等團體運動，所以獲得金牌的人數其實遠超這個數字。

諾貝爾獎得主的人數是最少的，一百多年下來還不到一千人。不過，如果考慮到投身於科學和文學事業的人，原本就少於從商的人，那麼商界人士成為億萬富翁的機率，可能還要小於學者、作家獲得諾貝爾獎的機率。這樣看來，我周遭的很多朋友，其實遠遠低估成為億萬富翁的難度，因為這裡存在一些認知的迷思。

註

2-4　一般說的億萬富翁，是指擁有十億美元以上淨資產的人，即 billionaire。

能量化的目標較容易達成

目標是否容易達成，要看這是什麼樣的目標。單一標準的目標是容易達成的，如果這個標準能夠量化，那就更容易了。相反地，如果一個目標的實現，是由全方位的多項因素決定的，甚至每個方面都未必有統一的衡量標準，達成的難度就非常高。

前面所說的四件事裡，拿下奧運冠軍這個目標，應該是最明確、最容易量化衡量的。一名運動員百米跑了十秒還是九．九秒，這是清清楚楚的事實。而且，在培養出一名奧運冠軍這件事上，存在大量有經驗的教練。按照他們的方式訓練，運動員的成績是可以得到穩定提升的。

同理，在專業老師的指導下學習一門樂器，只要認真努力，練習不打折扣，一個人進步的速度，是非常明顯且穩定的。但是，登上聖母峰這件事就要複雜多了，因為它需要的不僅僅是單一技能。各方面的配合，以及天氣等偶然因素，都會產生影響。因此在二十一世紀之前，能夠登頂的人並不多。但是到了今天，攀登聖母峰已經被分解成一套常規動作了。我身邊就有四個人攀爬成功，其中一位還是中國第一個完成「七加二」（註2-5）壯舉的女性。

從他們的描述來看，登頂的過程雖然非常艱苦，但一步步都是有跡可循的。前面說到的那位完成「七加二」壯舉的女性，是我在清華計算機科學與技術系的學妹，後來她甚至參與攀登聖母峰的培訓工作，培訓的對象還是青少年。

再來看獲得諾貝爾獎，這件事的難度就陡然增加許多。

非常重要的原因是，對於一項之前尚未有人完成的研究，不存在一個套路讓人去模仿。且不說目標不清楚，就連應該選擇哪個課題、往哪個方向努力，都是不確定的。而且，在研究過程中，研究者的水準也不可能簡單地用量化指標來衡量。

一個研究課題能否完成，考驗的是科學家的綜合素質；而這個課題能產生多大的影響，常常要幾十年之後才知道，學者在做研究的時候並不能預測。比較起來你會發現，預測奧運冠軍這件事不太難，但要預測諾貝爾獎得主就不容易了。

億萬富翁很少走別人的路

最後來看成為億萬富翁這件事。

這裡不考慮透過繼承成為億萬富翁者，僅看那些自己努力完成這個目標的人。他們絕大部分都是創業者，還有一些是專業經理人。而創業這件事，就是典型複雜且沒有統一標準的事情，會受到很多因素的影響。而且，創業者的創業方向也各不相同。

這不像登聖母峰，前人開闢出一條路，你就可以沿著這條路走。當然，有人會說，創業也有方向，產品做得好，市場拓得廣，創業成功的可能性就大了。但你想一想，什麼叫「產品做得好」，這本身就是難以衡量的。

同樣是手機，你拿熱門品牌和其他品牌對比，大家的硬體指標可能都差不太多，但前者的價格可能是後者的兩倍，而且用戶還更買帳。所以「產品好」這件事情，是不容易量化衡量的，從而也就常常不清楚改進的方向。

再來看市場。有人會說市場可以量化啊，用戶多，市場就拓得廣。但用戶多是結果，而不是原因。都是花錢做廣告，為什麼有的品牌花了錢市場占有率就能夠上去，還能保持，有的品牌花了錢卻只是「曇花一現」呢？這裡面的學問就多了。

如果你去了解億萬富翁的故事，就會發現他們很少透過走別人的路而成功，幾乎都是走出一條自己的路。我認識不少億萬富翁，他們每個人做的事情、走的路都不大相同。

當目標無法「量化」時

多數人往往有個迷思，就是把多維度的事情，簡單地投射到一個或者幾個維度，把不該量化的事情，用一些指標去衡量。

本來，把多維度的事情簡單化，設定量化衡量指標，這並不是一件壞事，很多時候這樣做是非常有效的。

如針對奧運會的百公尺短跑，需要設定一個標準的賽道，用統一的鐘表計時，把跑步這件複雜的事情簡化。否則，如果單純去問誰是世界上跑得最快的人，就很難衡量。畢竟，這個快是指長跑快，還是短跑快？是在海拔六千公尺的高山上跑，還是扛著二十五公斤武器在沼澤地裡跑？這些都說不清楚。

註

2-5 一指登上各大洲第一高峰，外加到達過南極、北極。

同樣地，各種考試根據分數來選拔人才，也是一樣的道理。人才的培養和選拔本身是一件多維度的事情，比如大學考試首先是把考量的範圍，縮減為很少的幾個維度，也就是幾門課；然後用分數來量化考察學生的知識水準和學習能力。這種衡量方式很簡單、很清晰，但是肯定不能全面地反映一個學生的真實水準。只能說在考慮到選拔人才各種成本的前提下，這是目前最好的方法。

但我們還是必須意識到，應試教育存在重要的問題，就是把人才培養這件複雜的事情簡單化，而且過分依賴量化指標。人們從小接受這樣的衡量標準，久而久之，這種思維方式就會影響全社會的共識。

不追求單一指標的量化

你經常會聽到周遭親朋好友這樣說：「我家孩子是個好學生，成績都是A」。這顯然就把好學生這個原本應該從多維度考量的事情，變成從成績這一個維度來衡量。

不僅對孩子的教育是這樣，在其他方面也一樣，大家做事都圍繞著量化指標展開。

這種追求單一指標的做法，實際上是人們在從小受教育的過程中學會的。今天的中小學生，常常被訓練成用單一標準去衡量是非好壞。久而久之，他們就懶得培養自己真正的綜合能力，懶得去做那些別人沒有做過、又難以用數據衡量的事情了。

如果去問一個普通人，你覺得自己能得奧運金牌嗎？絕大部分人都會說不能。但如果問，你能成為億萬富翁嗎？有些人可能就會說，那也不是不可能。為什麼會這樣呢？

這正是問題所在。人們對於自己能夠看得見的弱項，不得不承認。

像平時百公尺只能跑十三秒，那他們就明明白白地知道自己跑不進十秒。而那些無法用數據衡量的弱點，很多人就不願意承認了。

例如，幾乎沒有人會認為自己情商低、自大、固執、行銷能力弱等。這些都是一個人在商業成功道路上的「絆腳石」，但因為沒有量化指標，很多人就用各種方式去否認，並且時間一長，會真的認為自己挺完美的。

由於這些素質不能量化、不能測試，它們通常也不會成為升學或者求職時的硬指標，結果就是很少有人會承認這些「不可量化」的缺點，就算承認了也不重視。

談這個話題，當然不是說大家真的需要去開個公司賺上十億美元，而是想提醒各位，很多事情的難度，就表現在它的複雜和難以量化上。

如果習慣把單一維度的量化指標作為衡量標準，就會低估很多事情的真實難度。假使在個人成長上也採取這種做法，就可能會導致一些能力的缺失，還不自知。

因此，無論是做事還是個人成長，都需要去關注更多維度的因素，關注那些無法被量化的能力。明白了這一點，即使成不了奧運冠軍或者億萬富翁，我們也能在原本的基礎上更上一層樓。

11／動腦和動手，哪個更重要

洞察力來自哪裡？麻省理工學院的校訓其實回答了這個問題，「Mens et Manus」。這句拉丁文直譯成中文就是「腦和手」。說洞察力來自大腦很好理解，為什麼又說它來自手呢？如果腦和手產生矛盾，哪個該優先呢？下面我來談談女兒的故事，或許會對你有所啟發。

我女兒從小喜歡拆鋼筆，因為她很好奇為什麼墨水能從瓶子裡被吸進去往上走，也納悶為什麼不用費勁，墨水就又能滲出來寫到紙上。於是，她把別人送我的各種鋼筆都拆了，還會在周圍鄰居搬家出清時，花上幾美元買來一些舊鋼筆拆，每次都把手搞得髒兮兮的。

很多時候筆拆完就裝不回去了，但是我從來沒有阻止過她。或許這是因為我的父親就是一名工程師，他讓我養成動手探索世界奧祕的習慣。因此我總是鼓勵女兒，世界是具體的，要想獲得知識，就要用手去觸碰這個世界。幾年下來，她拆掉很多筆，最後總算是理解了氣壓以及毛細現象的原理。不僅如此，她還學會用一堆不同筆的零件，拼出一支新的筆。

不過，我太太對女兒拆筆的行為並不鼓勵。她家族的上幾代人來自西藏，受印度那種重視「虛空」的文化影響較深，認為知識來自頭腦的思考。她經常和孩子說，像「零」這種概念，或者平方、開方這種運算，其實在自然界中並不存在，是人構想出來的。這是人腦具有洞察力最好的例子。從這樣的文化背景出發，不難得出「動腦筋才是最重要的」這一結論。

像氣壓原理、毛細現象，將來學校裡的老師用半小時就講清楚了。拆那麼多筆才了解這麼一點點知識，實在是得不償失，沒必要重新發明輪子（註2-8）。更關鍵的是，用一堆舊筆零件拼出來的還是舊筆，不是新筆。要造出新的筆，需要先設計出新的筆。

對於這兩種觀點，我的孩子當然無法判定哪個是對的，或是否都有道理。總之，她一邊上網找現成的答案，一邊也會出於好奇心繼續去拆一些東西。

後來在高三那年的暑假，她到史丹佛大學醫學院實習時，就遇到書本上找不到答案的問題。當時她的實驗室做的事情，是看看能否將原本針對某一種疾病的藥，用來治療其他的疾病，如將治療心臟病的藥用於治療胃病。為什麼要做這種研究呢？因為研製一款新藥的周期太長、成本太高。通常，從基礎研究的論文發表到新藥上市需要二十年的時間，在整個過程中的投入，至少要二十億美元。而把舊藥或者舊藥的組合進行一些小的修改，讓它們適用於治療更多的疾病，成本只有研製新藥的十分之一，周期也可以縮短到三至五年。當然，並非每一種藥都對其他疾病有效，需要從幾千種藥和幾千種病的組合中，挑選出可能有效的。一個高效的做法，就是利用大數據統計，從海量文獻中尋找線索。經過一個暑假的研究，他們發現一些用舊藥有效治療新疾病的方法，並且發表了相關論文。

這件事讓我女兒有了兩大體會。

第一，從經驗裡學習，或者說從經驗裡獲得知識，看到別人看不到的，依然相當重要，即便很多答案都已經能從書本或者網路上找得到。因為要想發現新的東西，了解別人不知道的事情，肯定找不到現成的答案。從這個意義上講，手比腦更重要。

當然，從經驗裡學習，不僅僅指個人的經驗，而是指成千上萬人的經驗。過去這件事是

註

2-8 這是麥肯錫方法中的一句話，意思是要充分利用已有的經驗和成果，避免不必要的浪費和投入。

完全不可能的，因為人的精力和時間有限。但在人工智慧和大數據的幫助下，這件事變得可行了。因此，同樣是從經驗中學習，在學習方法上也要與時俱進。

第二，雖然把舊的鋼筆拆開重組出來的還是舊筆，但是從舊的經驗中卻可以得到新知。將過去已經研製出來的幾種藥放在一起，用於治療更多的疾病，其實就如同把舊鋼筆拆了再重新組裝。但不同的是，孩子擁有的筆數量有限，不過幾十支，大部分彼此之間也不相容，因此她能組裝出來的筆不多。再加上缺乏修改鋼筆零件形狀的工具，從舊筆出發，得到的還是舊筆。但是從經驗得到新知這件事就不同了。過去人類積攢的經驗，幾乎是一個開放的集合，這就好比你有無數的筆可供拆卸。更重要的是，人類對舊經驗的利用，不是簡單的拼裝，而是會重新塑形、打磨，這樣得到的知識就是新的了。

不管如何利用舊的經驗，都需要親自動手。事實上，過去的經驗，也是其他人動手得到的。這並非說書本上的知識或者理性思考無效，而是說在當今的時代，大部分人所欠缺的，不是書本上的知識，而是動手的能力。很多人甚至沒有動手的意願，只想等著現成的答案。

而這裡所說的動手，不限於簡單動手做一些實事，更包括面對現實的勇氣、能處理真實而複雜問題的能力，以及凡事親力親為的態度。

本章重點總覽

- 人生的三個錦囊：去闖、繼續闖、別後悔。
- 覺得自己聰明時，就離愚蠢不遠了。
- 和愚蠢的人爭論，會被他們拉低水準，然後被他們在低水準爭論中的豐富經驗所打敗。
- 如果習慣把單一維度的量化指標作為衡量標準，就會降低許多事情的真實難度。
- 從經驗裡學習，不僅僅是指個人經驗，而是指成千上萬人的經驗，因為人工AI智慧的演進，在學習方法上也要與時俱進。

DISTINCTION

03

分辨力

在網路極度發達的今天，絕大多數知識和資訊唾手可得。但凡事有利必有弊，過多的資訊常常讓人難以辨別真偽，一不小心就成了虛假消息的受害者，分辨力成為大家必須具備的一種基本能力。

12／如何分辨有哲理的故事和無用的雞湯文

現今網路上，有很多為了迎合大眾心理而虛構出來的雞湯文，信不得。有人可能會問，哲學家們有時也會編一些故事來講道理，那該如何分辨有哲理的故事和無用的雞湯文呢？

辨識的辦法很多，其中有三個非常簡單可行。

辨識雞湯文的三個方法

方法一：運用邏輯

哲學論述的邏輯通常很嚴密，不太會有謬誤；但無用的雞湯文常常漏洞百出，它們的內容貌似有邏輯，但仔細分辨就會發現很多謬誤。

譬如，當你指出社會不公時，經常會聽到有人以過來人的身分，語重心長地「教導」你，「公平和正義不能當飯吃」，讓你少管閒事，不要談公平和正義。其實這些人在論證的過程中，就犯了一個邏輯錯誤。

公平和正義重要，並不是說只要有公平和正義就足夠了。實際上，「公平和正義」雖然不是「有飯吃」的充分條件，卻是它的必要條件。換句話說，在沒有公平和正義的地方，人們可能沒飯吃。

方法二：能否驗證

將語言作為驗證行動合理性的工具，把故事所講的道理，還原到真實情境中來一遍。這個辨法源自維根斯坦的哲學思想。他認為，語言是思想和真實世界之間的橋梁。

好的故事會構建出思想和世界之間的橋梁，而無用的雞湯文，只能把人帶到一個自欺欺人的環境。

有兩句流傳很廣的話，大家或許都聽過。一句是「你若盛開，蝴蝶自來」，另一句是「不要去追一匹馬，用追馬的時間種草，當你擁有一片草原，自然會有成群的駿馬供你挑選」。這兩句話乍聽之下很相似，那它們說得對不對呢？我們不妨還原一下真實的場景，看看它們發生的可能性。

先看第一句「你若盛開，蝴蝶自來」。在二〇二〇年新冠肺炎疫情期間，我恰好有不少時間打理家裡的花園，於是這一年花園裡花草繁盛，不僅蜜蜂多了很多，連平時少見的蝴蝶也來了不少。這句話可以在實踐中得到驗證，它實際上是對「繁花吸引蝴蝶」這種現象的描述。正如維根斯坦多次引用的那句話——「太初有為」，行動先於語言。有了真實的現象，就有了描述這種現象的語言。

再來還原第二句話的場景。其實，你甚至不需要真的去種草，只用真實世界的圖像——語言和邏輯，來構想一下情境，也能發現很多漏洞。

首先，種草就能得到一片草原嗎？其實種草這件事說容易也容易，說難也難。只要水量足，撒上草種，草就能長出來。但是在降雨稀少的地方，除非大量澆水灌溉，否則種得再上心，草也活不下來，而人工澆水的成本是很高的。

在美國的加州，如果家裡想維持一個五百平方公尺的草坪，夏天每個月大約要花五百美元的水費。當然，這麼點草地也吸引不來馬。如果要維持一片足夠大的、有可能吸引駿馬來的草地，比如有一個高爾夫球場那麼大，達到六十公頃以上，這個成本就非常高了。據我所知，即便是維持一個不大的高爾夫球場，一年的水費也要兩百萬美元。正是因為種草的成本很高，所以世界上很多地方是荒漠，而不是草原。

透過種草吸引馬的行為，讓我想到一個成語——捨近求遠。明明目標很清楚，但有人就是不肯面對目標，非要繞一個大圈子。

接下來，就算你不在乎錢，種了一大片草，就真能吸引來馬嗎？恐怕未必，這首先需要附近有駿馬出沒才行。再退一步說，就算真有駿馬跑來吃草，那牠們就屬於你，可以任你挑選了嗎？很顯然也不是。實際上，當你種了一大片草之後，比起駿馬，更有可能收穫的是成群繁殖能力極強的野兔，讓你為了維護這片草地而焦頭爛額。

以上這兩句話，表面上都是講要發展自身，但性質卻不一樣。就事論事，說養好花會吸引來蝴蝶沒有問題，付出和回報也是相當的；但說種了草就能得到成群的駿馬，那只是一廂情願的想當然耳。並不是所有道理，都可以無限推廣到任何情境中。很多時候，雞湯文所虛構的世界和現實世界，是兩個平行世界，它們之間並不存在橋梁。根據這一點，就不難辨別出哪些是毒雞湯了。

有些勵志的雞湯文未必有毒，但是它們的功效被無限放大了，以至於人們信了它們，將來反而會吃大虧。

今天很多人覺得，只要書讀得好，考上頂尖大學就能擁有一切，他們相信「書中自有黃金屋，書中自有顏如玉」。這種想法就和想透過種草得到一群駿馬差不多，誇大了讀書的作用。要想擁有更多的東西，需要在相應的方向努力，而不是簡單地比成績。

我有一個北大畢業的朋友，多年前他對我們幾個清華的畢業生開了個玩笑，講了一個段子：

有個男生在高中只知道讀書，沒有女孩子喜歡。班上四十九人，二十五名男生，二十四名女生，開舞會只有他缺舞伴。老師安慰他說，書中自有顏如玉，把書讀好，將來不愁沒人愛。結果他努力學習，考上了清華，但到了清華發現男女生比例七比三，更找不到女朋友了。

這個段子雖然是玩笑，但也講出了一個道理：世界上並非所有的事情都能「一白遮百醜」。書讀得好，你得到的回報是成績；感情則是另一回事，沒有人會拿著成績單去相親。同樣地，很多人覺得自己苦讀了十幾年書，主管還看不在眼裡，自己真是懷才不遇。但通常主管重視一個人，是因為他績效好、貢獻大，而不是他成績單上的分數高、畢業的學校排名靠前。

人在一個方面努力取得成就，不等於他就能在所有領域都獲得回報。

「書中自有顏如玉」是人腦中的一個想像，真實世界則是另一番情景。只要我們冷靜地想一想，這兩個世界之間的橋梁是否存在，就能明白這句話不過是一個不太靈驗的雞湯文。

世界上很多道理，成立不成立，實踐一下就知道了。即使沒有時間，不能把所有的事情都做一遍，但如果把自己經歷的相關事件拼在一起，看一看能不能走得通，也能做出八九不離十的判斷。

例如，網路上流傳著一個普通的印度老爹空手套白狼的故事。他一邊把自己的兒子包裝成世界銀行的副總裁，去當比爾．蓋茲的女婿，另一邊又讓兒子頂著「蓋茲女婿」這一頭銜，去謀取世界銀行副總裁的職位，還沾沾自喜地認為這是資源對接。這種故事想想就知道不可能，說得難聽點，就是自己意淫。不過，總有人要說，根據「六度分隔理論」，透過六個人就可以和世界上任何一個人建立聯繫，所以印度老爹是有可能見到蓋茲的。

這種思維方式犯了一個認知錯誤：把一個未必是共識的抽象概念和具體的行動混淆了。但只要回到真實情境中，事情就很好判斷。不要說見到蓋茲了，如果你是一個普通的公司職員，想見一下某個大集團的老闆，透過六個人能辦得到嗎？做過銷售的人都知道，想找到合作方管事的人說上一句話，都要轉七八道彎呢，更何況是找馬雲？

很多人被「毒雞湯」洗腦，不知不覺地把他們從現實世界，帶到了一個不存在的虛幻世界。這時，只要回到現實，結合自己的經歷，就能對很多事情做出基本的判斷。

方法三：能否直接面對現實的挑戰

真正的哲學家，最基本的品德就是要直接面對問題，而不會回避問題，更不會給別人指出一些冠冕堂皇卻根本走不通的道路。如孔子說的「己所不欲，勿施於人」，這句話就非常言簡意賅，非常清楚地反映出孔子對他人的尊重。再如尼采說的「毒害年輕人最好的方法，就是讓他們尊重和自己想法一樣的人，而不是去尊重和自己意見相左的人」，這句話的意思也非常直白。

哲學家遇到了想不清楚的問題，可能會很苦惱，但一個誠實的哲學家，會承認自己對此沒有答案。像蘇格拉底對於自己不知道的事情，從來不會不懂裝懂。

讀《論語》的時候，你也會發現，對於學生的問題，孔子總是直來直往地回答，不會繞路。而雞湯文恰恰相反，喜歡回避問題、繞圈子。例如，你問如何追到一匹馬，它說你應該去種草。

當然，這裡有一個問題：我們怎麼判斷一個答案是不是繞圈子呢？如果為了吸引一匹馬而種草是繞圈子，那「磨刀不誤砍柴工」、「臨淵羨魚不如退而結網」是不是呢？

其實還是那個道理，回到真實的情境，用行動去檢驗。無論是磨刀還是結網，都是製造工具、提高做事的效率，做這些事情對砍柴、打魚有直接的幫助。而且有了快刀和漁網，接下來仍然要付諸行動：磨了刀，人還是需要去砍柴，柴薪不會自己掉下來；織了網，人還是需要去打魚，魚不會自己跳進網子裡。

對於獲得駿馬這件事，種草最多算是累積資源，你付出行動去種草，直接的收入是草，而不是馬。從「擁有大量的草」到「獲得駿馬」之間，還有很多環節。如果不談這些環節，只講有草就會有馬來，這就是一廂情願，完全不可控，不過是碰運氣而已。實際上會來到草地的，不僅可能有駿馬，還可能有野兔，甚至蝗蟲。

生活中這樣的例子其實很多。有的地方花重金打造創業平台，結果沒有吸引到優質的初創企業，反而引來一些吃補貼的不良公司；有的網路公司推出產品不用心，靠買流量衝業績，結果吸引來的客戶刷完單、拿完優惠就走了。

如果追不到一匹馬，那就想辦法去追，不要想著繞路能夠解決問題。有些路看上去是捷徑，但其實是離成功最遠的路。

真正的道理是可直白的表達

孟嘗君和信陵君，同為戰國四公子，據說都養了三千門客。但是當孟嘗君被罷相的時候，門客們「樹倒猢猻散」，只剩下一個有情有義的馮驩（又作馮諼）。而信陵君救趙的時候，門客們都願意和他一起趕赴戰場，其中侯嬴甚至願意以死來報答他。

孟嘗君和信陵君的區別究竟在哪呢？兩人都有「善養士」的名聲，但《史記》中並未記載孟嘗君如何求賢，只講他給門客的待遇好。而關於信陵君，《史記》則詳細敘述他如何禮賢下士，如何贏得侯嬴尊重的具體經過。換句話說，孟嘗君就是用種草的方式來「養士」，而信陵君是身體力行去「求賢」。追逐水草而來的駿馬，自然也會追逐更豐美的水草而去。只有花了真功夫追來的駿馬，才有可能忠誠地陪伴在自己左右。

分辨有哲理的故事和無用的雞湯文其實並不難。只要看看它們本身是否符合邏輯，以及能否在現實的世界中驗證就行。如果沒有條件直接驗證，就盡可能找到虛構世界和真實世界之間的橋梁，至少在語言的世界裡驗證一遍。如果一個說法在虛構的世界裡都無法驗證，那在現實世界裡就更不可能實現了。

最後，要特別小心那些被似是而非的概念包裝起來的說法，和故意繞圈子的推理。

事實上，真正的道理都是可以用直白的話講清楚的，不需要故弄玄虛。

總而言之，回到真實的情境裡，事情就很好判斷了。

13／不是所有的時髦理論都管用

現今有很多時髦的理論，它們不屬於「雞湯」，而是有專業人士背書，但在生活使用卻往往不太靈驗，如六度分隔理論、價值投資、斜槓青年等。對於它們，也要具有辨別力，謹慎使用。

六度分隔理論

六度分隔理論（Six Degrees of Separation）是哈佛大學心理學教授史丹利．米爾格蘭（Stanley Milgram）於一九六七年提出來的。他經過一些實驗發現，最多透過六個人，你就能夠認識世界上任何一個陌生人。這個理論說起來是科學研究，但回到現實生活中，很多人就發現，好像不是這麼回事。如大家想認識歐巴馬或者馬斯克，就沾不到邊。這又是怎麼回事呢？

其實，六度分隔理論的成立有兩個前提。

第一，朋友關係具有對稱性和傳遞性。所謂對稱性，就是你把張三看成朋友，張三也必然把你看成朋友；所謂傳遞性，就是你朋友的朋友，也是你的朋友。顯然，現實中的朋友關係，大多並不同時具有這兩個屬性。

第二，你求人辦事時，面子無限大，永遠用不完。但在現實中，人的面子是有限的、守恆的。我有時會開玩笑說，一個人的面子，或者說情面，一共只有兩斤半，你至少要給自己留一斤。兩斤半扣掉了這一斤，還能拿來請人幫忙的面子，也就只剩下一斤半了。

蘋果公司和谷歌公司，更是直接把這種面子用金錢來量化。若是你有親友在蘋果公司工作，找他買手機等產品，這樣可以拿到較大的折扣。蘋果公司對於上市已久的產品，態度是能多賣就多賣，因此不限制這種代購行為。但是對於剛上市或者熱門的產品，則是希望直接到市場上賣個好價錢。不過，蘋果公司又考慮到，要讓員工在朋友面前有面子，於是乾脆給予每個員工一定的代購限額。額度用光了，員工在蘋果公司的面子也就沒有了。谷歌公司的情況也是類似，很多「好處」都是有限額的，你可以給你的朋友，但是用光了同樣就沒有了。

我過去有一個朋友是一家醫院的投資人，他有一次和我們這些朋友說：「你們自己或者父母要住院，我可以幫忙，但要是你們的朋友就算了。」這其實很好理解，因為他在醫院那兒的面子一共只有兩斤半，能給朋友留出半斤，已經很夠義氣了。

認識到這一點，就不難明白，即使你能找到認識歐巴馬的人，這個人是否願意引薦也是個問題。通常越是有能力的人，找他的人會越多，而你未必能讓他把有限的面子給你用。

正是因為面子是有限的、守恆的，一個人用掉一些以後，最好還是找時間補上，否則下次就沒有了。

在生活中你會發現，有的人用六度分隔理論似乎能成功，有的人就不行。這裡有個重要的差異，就是前者懂得面子是有限的、守恆的，每次使用後及時補上，而後者只是固守一個在完全理想的狀態下才成立的理論，卻忽略了它成立的前提。

六度分隔理論在生活中很難行得通還有一個原因，就是人和人之間很多聯繫其實都很牽強，只不過是為了證實這個理論生拉硬拽來的關係。維基百科裡有一個應用程式，你輸入兩個在維基百科中能查到的人名，它就會告訴你這兩個人之間有什麼關聯。

如果輸入我的名字和「段祺瑞」，它就找到好幾條線，將我們聯繫起來，其中一條線是經過「吳姓」和「吳佩孚」，另一條線是經過「約翰．霍普金斯大學」「威爾遜（Thomas W. Wilson，美國前總統）」「巴黎和會」。但這兩條線其實都很牽強，沒有任何現實意義。

不僅人名之間可以這樣建立關聯，維基百科上的任何兩個詞條，不出六步都能關聯起來。如「黎曼積分」（Riemann integral）和「秦始皇」這兩個風馬牛不相及的詞條，經過「微積分」和「經濟學」就關聯起來了，但這樣牽強的關聯又有什麼意義呢？正是因為這個原因，一直有人質疑六度分隔理論的意義何在。

為什麼多數人無法成為巴菲特

接下來我們說說價值投資。

價值投資的理論無疑是正確的，無論是亞當．斯密這樣的經濟學家，還是巴菲特這樣的投資人，都肯定它的正確性，且巴菲特等人也已經驗證它。不過，你有沒有注意到，除了巴菲特，真正靠價值投資崛起的人，似乎找不出太多，先不要說那些想學巴菲特的散戶幾乎都失敗了，即便是投資銀行有些講究價值投資的基金，二十年下來也幾乎找不出跑贏大盤的。

是這些人都沒有本事，不懂得價值投資嗎？這在邏輯上講不通，因為即便大部分人，沒有學到巴菲特投資方法的真諦，但在市場上摸爬滾打的人那麼多，還包括很多專業人士，就算只有百分之一的人學到了，全世界也該出現一大批價值投資大師。那為什麼只出了巴菲特、段永平等少數幾個人，其他人都做不到呢？其實，我們不得不承認，單純的價值投資是有問題的，這一點墨基爾（Burton G. Malkiel）在他的名著《漫步華爾街》（A Random Walk Down Wall Street）中，進行了專門的分析。

單純的價值投資，其實忽略了影響市場一個非常重要的，甚至超過公司價值本身的因素，就是市場的非理性。雖然有時非理性看似在和投資人作對，讓他們的錢打水漂，但其實它也在推動各種資產的價格上漲。如果把非理性帶來的市場收益因素扣除，投資的回報就會大打折扣。

除此之外，價值投資還有很多問題無法解決，像是如何衡量價值。以教育培訓公司為例，它們在特定時期是有很高價值的，但是一旦國家政策改變，價值就消失殆盡了。

接下來的問題是，為什麼巴菲特秉承了價值投資的原則，能獲得很高的回報呢？一方面，是因為巴菲特在判斷一些企業的價值方面，有過人之處，而且他把自己研究的範圍縮得很小，對每個研究對象都花了很多時間；另一方面，也是更重要的，價值投資只是他投資成功因素的很小一部分，他在投資時做了很多別人沒有做的事情，如近乎苛刻地嚴控風險、直接參與被投資企業的管理等。缺少這一堆配套措施，巴菲特就不是股神了。

反過來，如果一個人學到巴菲特所有的本事，那即便是把價值投資這個工具換成別的工具，他也照樣能在資本市場上長期獲利。

斜槓真的適合你嗎

最後談談斜槓青年這個近年來非常熱門的理論，它來自於《紐約時報》專欄作家瑪奇·艾波赫（Marci Alboher）的《多重職業》（One Person/multiple careers）一書。這本書講的是一些人在名片上，會用斜槓來區分自己的多重身分，如「張三，工程師／藝術家／企業家」，於是「斜槓青年」便成了他們的代名詞，社會上也出現了斜槓青年的相關理論。

其核心的理念是，今天的社會，使人能夠擺脫工業化帶給人的職業限制，讓人在多個領域獲得成功。在這樣的宣傳下，斜槓青年也成了很多人心目中成功人士的形象，和自己追求的目標。有關斜槓青年的理論非常相容，而且有很多人「背書」。不過，如果大家冷靜地想一想周圍有多少這樣的斜槓青年，就會發現這個理論好像有問題。那麼問題究竟出在哪裡呢？

首先，這個理論是建立在「倖存者偏差」基礎之上的。當一個人在多個領域成功之後，他才有可能被我們注意到，所以會造成一種「假象」——走「斜槓」道路的人都成功了。如我們知道達·文西和亞里斯多德有多重身分，但是在他們兩人的年代，多領域發展的人不只他們兩個，只是其他失敗的人我們不知道而已。

其次，多重身分通常是一個結果，而不是一開始就追求的目標。很多最終有多重身分的人，一開始都是在某一個領域做得非常成功，然後因機緣巧合被賦予一些使命，又在其他地方，通常還是相關領域也獲得成功。如牛頓今天有很多身分：數學家、自然科學家、思想家、反偽幣專家等。其實，牛頓一開始只是數學家和自然科學家，思想家是後人送給他的頭銜，因為他改變了人們對自然界的看法。

至於反偽幣專家，則是因為他成名之後，王室任命他為鑄幣大臣。在任期間，他做了很多防範和打擊假幣的事情，包括在硬幣上鑄造一圈細齒，等等。如果牛頓一開始當教授時，就把精力放在從政上，他可能不僅當不上鑄幣大臣，連教授的職位也保不住。

最後，很多成功的斜槓人士，當初轉行其實是不得已而為之。已故的美國前總統雷根（Ronald W. Reagan），常常被人提及是演員出身，這讓人覺得當總統似乎是一件很容易的事情，連演員也能選上。其實雷根原本是主修經濟學，用他自己的話說，如果不是因為畢業時，趕上二十世紀三十年代的大蕭條，他就會從事這方面的工作，然後沿著這條路走下去。

然而，大蕭條中斷了他原先的職涯發展規劃，於是英俊瀟灑的青年雷根就成了演員。但他其實不適合當演員，在演藝界的絕大部分時間，他都是在從事事務性工的作，並且擔任美國影視演員協會主席。以前在大學裡，雷根就是學生領袖。也就是說，他從政的源頭，甚至可以追溯到大學期間。此後，雷根也是從州長開始一步一腳印，經過兩次參與共和黨總統候選人提名失敗，才獲得成功的。

我們經常被一些報導和文章誤導，錯置了成功的原因、現象和結果，於是當一種看似能夠相容的新理論出現時，就會有茅塞頓開的感覺。**其實，「斜槓青年」的成功機率並不比「非斜槓青年」高，甚至要更低**。不過有一點我認同：在這個時代，不太可能依靠單一技能，就取得巨大的成就，全面發展還是有必要的。

為什麼斜槓青年的理論這麼流行呢？我想主要有兩個原因。一是單一職業做的時間太長就容易厭倦，想換一份工作、換一種身分。另一方面是要做好一件事太難了，要求太高，以至於很多人看不到在原本領域成功的希望，覺得換條路來試試看。其實，貿然進入自己不熟悉的行業，想成功會更加困難。

進行理性思考

世界上有很多時髦的理論，它們看上去都很合理，而且似乎也得到驗證。但是，理論上的可能性是一回事，現實中的可行性又是另一回事。大多數人經常犯的一個錯誤是，但凡對自己有利的事情，就會把理論上的可能性，哪怕是百分之一，當成現實中百分之百的可能性；

而對自己不利的事情，即使理論上有百分之九十九發生的可能性，也會忽略，而期待那百分之一的奇蹟發生在自己身上。

正是因為這個原因，很多人會相信經過幾個人，自己就能找到命中註定的貴人；或者相信自己能算得清各個公司的價值，在股市獲利；又或者相信自己換一個行業就能成功。但遺憾的是，那些理論一碰到現實，似乎就不管用了。因此，能夠分辨出那些在現實中不管用的時髦理論很重要，方法主要有兩個。

第一，當理論和現實不一致時，必須清楚該相信哪個。通常對的是現實，錯的是理論。很多人預測股市，錯得離譜，然後就說股市沒有反映經濟的實際情況。言外之意，理論沒錯，錯的是市場。這種邏輯固然可笑，卻是很多人會不自覺犯的錯誤。

第二，不盲從，在相信任何時髦的、特別是對自己有利的理論之前，都要進行理性的思考。本節講的三個時髦理論，其實只要在頭腦裡走一遍，就會發現它們的漏洞。雖然去嘗試、去親身驗證固然好，但這樣有時投入的成本太高。像去驗證投資的理論要花錢，驗證當斜槓青年的理論會耽誤自己的職涯發展。更高效的方法是理性思考，先過濾掉不太可能的情況；對於實在無法透過思考想清楚的問題，再去親力親為證明。

14／爲什麼要對「巧合」保持警覺

有一次我在網路上看到一個段子，說明太祖朱元璋是一位化學巨匠，原因是明朝皇室中很多人的名字，都包含一些今天的人才知道的化學元素。例如，明朝有個王爺叫朱慎鐳，鐳就是居禮夫人發現的放射性元素；另一個王爺叫朱均鈽，「鈽」是製造核武器的重要原料，也是二十世紀才發現的化學元素；還有個王爺叫朱悅烯，即近兩年很熱門的新材料「石墨烯」的烯。你如果去翻一翻明代藩王世系表，還能找到很多這樣的名字。

可是，這些元素大部分都是在二十世紀被發現後才有了名稱，明朝的皇室是怎麼未卜先知，找到這些字來取名呢？這其實和朱元璋留下的一條規矩有關。

據說朱元璋的本名叫朱重八，他父親叫朱五四，爺爺叫朱初一，這些名字都是根據出生日期取的。在元朝，只有最底層的百姓才這麼取名。登基做了皇帝之後，朱元璋自然不能允許自己的後代中，再出現這樣的名字，於是給每個兒子、甚至侄子都寫了一首詩，規定孫輩往後名字中的第二個字，要從這首詩裡面取。第三個字不好固定，於是朱元璋規定，第三個字的偏旁，要按金木水火土的五行相生關係來定。像朱元璋的兒子這一輩，名字都是木字旁，如太子朱標和燕王朱棣。到孫子輩，因為五行木生火，第三個字就應該是火字旁，如太子的兒子，建文帝朱允炆；朱棣的兒子，明仁宗朱高熾。

不過，朱元璋沒有考慮到一個問題，就是他子孫後輩的人數增長速度非常快。到了嘉靖年間，朱氏子孫已經接近兩萬人了。這麼多人，如果都按朱元璋定的方式取名字，字是不夠用的。特別是中國人還有一個傳統，叫作避諱，即祖輩名字中用過的字，後輩是不能再用的。於是到了明朝中期，包含金、木、水、火、土的漢字，基本上都被朱家用光了。之後，王爺們只好自己造出一堆極其生僻的漢字，除了給自己做名字用，再也沒有別的用處了。

那麼，這些字又是怎麼變成新發現的化學元素名稱呢？我專門去做了些研究，發現這一切都歸因於清朝末年中國的化學家和翻譯家徐壽。當時，他和在江南製造局工作的一個英國人傅蘭雅（John Fryer），一起翻譯了很多西方科技圖書。當翻譯到化學著作時，徐壽遇到一個難題，就是很多化學元素和物質，中國過去大多是沒有的，需要起名字。為了規範化，徐壽就訂了三條規則：

第一，中國古代已經有的名稱繼續使用，如金、銀、銅、鐵等；再如水銀，古文中叫作汞，也屬於這一類。

第二，前人翻譯西方著作時發明的外來詞，合適的可以繼續使用，不合適的則根據後面第三條規則做出一些修訂。如氧氣、氮氣和氫氣這三種物質，前人在翻譯時，根據它們的特性起了名字：氧氣原本是「養氣」，取滋養之意；氮氣原本是淡氣，因為氮氣在大氣中含量高，「沖淡」了氧氣的含量；氫氣原本是「輕氣」。徐壽沿用了這三個名字，同時根據它們是氣體的特性，把字改成了气字旁的三個字——「氧」「氮」「氫」。

第三，根據元素的性質和拉丁文讀音，尋找合適的漢字。例如，金屬元素就使用金字旁的字，常態為液體的元素可以使用三點水旁的字，非金屬元素和物質則使用石字旁的字。

於是，在這三條規則下，很多化學元素和物質的名稱，就和明朝朱氏子孫的名字重疊了。所以，並不是朱元璋懂得化學，而是他訂下起名的規則在先，徐壽等人使用這些字在後。表面上是一個巧合，背後其實另有原因。

如果我們深入一步思考，就會發現這甚至稱不上巧合，可以說有一定的必然性。原因很簡單，化學元素目前有一百多個，加上一些專有名詞，大概需要用到一百五六十個漢字，其中一大半都和金屬有關。這裡面只有金、銀、銅、鐵等一小部分，在清朝之前已經有了對應的漢字，其他都要新找一個字來命名。而漢字中，金字旁的字總共也就兩百多個，其中很多都是明朝皇室在起名時，造出來的生僻字。因此，化學元素名稱和朱家人的名字高度重合，可以說是一種必然。

可見，我們看到的各種「巧合」背後，其實有著必然性，或者說是某種規則造成巧合。

巧合或必然

通常我們在認知中，如何判斷一件事是巧合還是必然呢？最好用的工具就是機率論。以拋硬幣為例。假如你把一枚硬幣拋了十次，全是正面朝上。這是巧合嗎？我們如何來判斷此件事呢？這時，重要的其實不是你給出的答案，而是所使用的判斷方法。

有的人回答說，這枚硬幣肯定有問題。如果他的依據只是直覺或者日常經驗，那這個答案就是沒有意義的。也有的人會回答說，每次硬幣朝上或朝下的機率都是二分之一，十次正面和五次正面五次反面都是很正常的。這好像比用直覺判斷更進了一步，但仍然是錯誤的思考方式。

為什麼這麼說？因為這個回答其實混淆了一個概念，就是究竟什麼叫「一種結果」。實際上，在這個問題中，我們所說「一種結果」，在最準確的意義上，指的是機率中的「原子事件」，也就是不可以再分的、最小的隨機事件。

若拋十次硬幣全都是正面朝上，這是一種結果，也確實是一個「原子事件」。但五次正面五次反面，卻不是一個原子事件，因為其中還包含了「一至五次是正面，六至十次是反面」「單數次是正面，雙數次是反面」等許多種情況。具體來說，這裡面其實包含了二百五十二（註3-1）個原子事件。所以，十次正面和五次正面五次反面並不一樣，前者的機率是1/1024，後者的機率則是252/1024。相比之下，十次正面朝上確實是一個小機率事件，如果它發生了，就不能將其看作一種完全「正常」的情況。

在這個時候，就要想一想，恐怕背後某種力量促使它在發生，而不能簡單地將它歸結為偶然性。

我們可以進一步透過數學方法去嘗試判斷，這個硬幣有問題的可能性是多大。簡單來說，就是作兩個假設。

第一個假設是硬幣本身沒有問題，它就是一枚正常的硬幣；第二個假設是硬幣有問題，怎麼扔它都是正面朝上。接下來就是根據觀察的結果，來驗證哪個假設是對的，這在統計中有一套專門的方法。

更細節的過程在這裡就不展開了，我可以給出一個結論：一枚硬幣拋十次，如果連續十次都是正面朝上，這枚硬幣有問題的機率是百分之九十九點七，沒有問題的機率只有百分之零點三。

也就是說，對於硬幣拋十次全部都是正面朝上這個問題，經過理性思考後的回答應該是，並非巧合的機率有百分之九十九點七。所以這不是一個巧合，而是硬幣本身有問題。

註

3-1　10選5有252種可能性。

這裡特別需要提醒的是，這是在不知道硬幣有沒有問題的前提下，做出的假設和驗證，也就是說，我們並不知道事實如何。如果在此之前，就確認這枚硬幣是正常的，那麼我們就要承認，即使只有百分之零點三的可能性，這個巧合也確實發生了。

也就是說在做判斷時，事實要優先於猜測。但在得不到事實之前，要依靠理性和常識去思考及判斷。

理性的判斷在拋硬幣的例子裡，已經解釋得很清楚，常識的判斷又是什麼呢？有這樣一個故事，有人為了吸引他人投資，同時發郵件給幾千人預測股票的走勢。第一次預測之後，他再繼續發給收到正確預測郵件的人第二次預測。這樣下來，幾千個人裡，總會有少數幾個人收到的郵件，連續十次預測都是對的。這少數的幾個人，恐怕會把發郵件的人看成股神。

但實際上，如果真的遇到這樣的小機率事件，我們首先應該想到的是，它背後一定是有什麼原因。

此時不妨做兩個假設，一個是此人真的是股神，另一個是對方乃騙子。這時候常識就可以派上用場了，你應該想到兩點：第一，對方會發給你，也會發給其他人，實際上你不知道他失敗多少次。第二，如果他真的是股神，有賺大錢的本事，為什麼自己不去投資發財，而要花時間來說服你呢？有了常識，就能夠識破騙子的把戲。

現代人接觸到的資訊更豐富，騙子的手法也越來越花樣百出防不勝防。**其實只要記住一點：面對那些好得難以置信的事，先想一想「好運氣」背後是否另有原因。**

對「超級好運氣」視為不見

收藏家馬未都先生曾說過一個故事：一個古董愛好者，有一天請人帶著他到鄉下去找古董。走過一片田地時，他看見幾個人在挖地，其中一個人一鏟土掀到他腳下，隨著土滾出一件汝窯瓷器。要知道，汝窯瓷器是今天世界上最值錢的瓷器之一，一共只有六十多件傳世，每一件的來歷都清清楚楚，絕大多數都在大博物館裡。

這位古董愛好者覺得自己運氣實在是太好了，只是從那裡路過，一件價值連城的寶貝，就滾到自己的腳下。他想買下這件汝窯瓷器，於是和幾個農民討價還價，最後用自己全部的積蓄買了下來。

回去後他找馬未都先生鑑定，馬先生怕他太傷心，不敢說是假貨，只和他說這東西「不真」。這位老兄怎麼也不肯相信上了當，自己明明是親眼看見農民「碰巧」從地裡挖出來的。

馬先生說，汝窯瓷器在全世界只有六十多件，絕大多數都是從古代收藏家手裡一代代傳下來的，只有個別幾件是考古出土的，出土的地方也往往是舊宮殿遺址這一類的地方，不會是田裡面。很多大收藏家花了一輩子時間，也不可得的東西，怎麼正好有一件，就在你經過那個地方的時候被挖出來了呢？顯然，這樣的巧合背後，極大機率另有原因。

相比之下，這個古董愛好者被人刻意設局矇騙的機率，要遠遠大於他在田裡碰巧得到一件稀世珍品的機率。

生活經驗告訴我們，面對所謂的「超級好運氣」，最好的做法就是當它沒有發生，對它視而不見。不去幻想額外的所得，也就不會有所失，我們只需要獲得自己應得的就好。反過來，對於一些超級壞運氣，也不能簡單歸結為運氣差，有很大機率是背後另有原因。我們需要找到這個原因，這樣才能在之後趨吉避凶。

15／爲什麼要對「意見一致」保持警覺

偏見帶來誤判，因此通常沒有人會喜歡偏見。但是，即便是在資訊流通比較順暢的今天，要避免偏見也是不容易的。我們不妨從二〇一六年和二〇二〇年美國總統選舉期間的民調說起。

二〇一六年美國總統選舉期間的民調錯得離譜。在大選開始之前，所有民調都預測民主黨候選人希拉蕊不僅會大勝，而且還能控制國會。結果卻是，民主黨在總統和參眾兩院的選舉中，都遭遇慘敗。於是有人說，靠抽樣調查產生的民調，是有失偏頗的，因為搞民調的大多是媒體，它們自身的政治立場，就傾向民主黨。

何謂「義烏指數」

民眾在那次大選中，發明了一個新名詞——「義烏指數」，即把候選人支持者在義烏訂購的競選商品銷量，作為美國總統選舉結果的預測指標。那一年川普的旗幟訂單量，是遠遠超過希拉蕊的，大約是她的十倍。如果單看一次結果，義烏指數似乎能糾正帶有主觀色彩的民調。但我們也知道，驗證一次不能完全說明問題。

再來看看二〇二〇年的情況。當時，無論是媒體還是民調機構，都一面倒地認定拜登能贏，而且會大幅領先十個百分點以上，包括在所有的搖擺州（註3-2）全面領先。按照民調結果估計，在五百三十八張選票中，川普最終應該只能獲得一百二十張左右，拜登將會取得大勝。但實際情況是，那次美國大選的過程空前激烈，雙方一度陷入非常膠著的局面，以至於今日還有人認定是拜登偷走了川普的勝利。當然，這樣的說法沒有太多根據。不過，對於類似的報導和民調結果，很多人都開始質疑，媒體是否還有能力，給公眾提供可靠的資訊。

那麼，我們再來看看義烏指數。和二〇一六年一樣，還是川普的支持者訂購的競選商品，遠遠超過競爭對手拜登，但顯然，這一次義烏指數失靈了。因此也可以說，義烏指數可能是另一種偏見。

當然，大家可能會想，無論是民調還是義烏指數，都是間接證據，不是直接的。我們不僅要看一個人是怎麼說的，還要看他是怎麼做的，畢竟有些人在民調時經常口是心非。那麼，我們就來看看川普支持者和拜登支持者的實際行動。

美國的總統候選人在選舉前，都喜歡辦現場集會拉票。川普的集會每次都有成千上萬的支持者參加，現場可謂人山人海，而且支持者非常熱情，簡直堪比超級盃（註3-3）比賽的熱鬧場面。而拜登的集會則可以說是門可羅雀。

但是，大選的結果和競選前的造勢也不一致。此外，還有人透過社群媒體進行大數據分析，結果也是錯的。像我在矽谷的幾個朋友，透過社群媒體上的大數據進行統計，數據來源包括推特、YouTube，以及其他，得到的結論也是川普將大獲全勝。可見即便是在今天，有了各種技術方法，要想做出準確的判斷，依然非常困難，而困難的主要原因，則與偏見有關。

註

3-2　指民主、共和兩黨候選人支持率差距不大的州。

產生偏差的原因，可以分為主觀和客觀兩大類。

先說說主觀的原因。以民調為例，這主要是因為媒體自身的傾向性。

雖然世界上幾乎所有媒體，都說自己是公正的，但是在美國，絕大多數媒體人都傾向於民主黨一方是不爭的事實。美國許多媒體自詡為監督者，反對政府進行新聞管制，但與此同時，他們自己也在進行著某種「新聞管制」，排斥不同的聲音。

二〇一九年爆出一則新聞：拜登的兒子曾經接受烏克蘭布瑞斯瑪（Burisma）天然氣公司的報酬，為這個公司的高階主管和拜登之間牽線。當時美國主流媒體普遍表示，這個消息還沒有得到證實，不應展開報導。然而，二〇一六年川普被指控「通俄」，也接受了調查，但在調查結果確認之前，美國媒體卻展開了鋪天蓋地的報導。

媒體和媒體工作者自身就具有傾向性，他們的工作環境自然也會受此影響。生活在一個彼此看法高度類似的環境中，就不容易發現自己的偏見。即使媒體希望得到準確的資訊，但由於自身的傾向性，他們設計的調查中，就不免出現偏見的影響。最典型的就是問卷調查中的預設觀點。

我曾經在二〇二〇年接到過一通民調電話，裡面有這樣兩個問題。

第一個問題是：「你認為川普政府在疫情中的表現是否合格？」可以設想，大部分的回答都會是不合格。但這個題目的設計本身就有問題，因為在美國，具體的抗疫工作是由州政府規劃的，主要責任在於州政府。但這個問題的問法，是先把擔責任者定好了，然後問你他表現如何。類似地，到了二〇二一年拜登當上總統，民調又問了同樣的問題，只是這一次把川普換成拜登。民調的結果顯示，不滿意程度比對川普還高。

事實上，無論誰當總統，這個問題的民調結果都不會是正面的，因為十個人裡面有一個不滿意，他就會說出來，而另外九個可能會不吭聲。在美國，很多民意調查中，都存在這樣一個規律——民眾對於當前執政的黨派，總是傾向於不滿意。即使是民主黨大本營的加州和紐約州，在二〇二〇年都提出了對民主黨州長的彈劾。

第二個問題是：「如果拜登當選，你認為他是否能夠改善防疫情況？」這個問題看似很公正，但實際上，它接在第一個問題之後，當回答者對前一個問題做出否定的回答，則這個

註

3-3　超級盃（Super Bowl）是國家美式足球聯盟（NFL）的年度冠軍賽，在美國具有極高的人氣。

問題就會更傾向於做出肯定的回答，因為人會下意識地維護自己之前給出的答案。

有意思的是，二〇二一年時，民調又問了類似的問題：「如果今天選總統，你會選川普還是拜登？」結果這一次表示要選川普的人，大大超過要選拜登的人。原因也很簡單，既然對台上的那位不滿意，人們就會覺得另一位似乎好一些。但是，參加民調的人們忘了，一年前正是他們認定川普沒有做好工作，經過「反覆對比」選了拜登。

所以，各種民調先天便有所缺陷，問題的設計本身就有引導性，而引導性又來自設計者自身的傾向性，即便他沒有意識到這一點。

關於倖存者偏差

再來說說產生偏差的客觀原因，最突出的就是倖存者偏差問題。關於倖存者偏差，最典型的就是「二戰」中，美軍調查改善飛機防護的例子。當時，美軍對受損返航的飛機進行了數據統計，發現機翼遭受的攻擊是最多的，因此認為最需要加強的是機翼的防護。

但是，有專家指出這種思維的漏洞：統計是針對受損返航的飛機展開的，但那些受到致命攻擊的飛機都墜毀了，無法返航。所以，機身關鍵部位並不是不容易遭受攻擊，而是一旦遭受攻擊，飛機就回不來了。因此，需要加強防護的，反而是那些受損返航飛機沒有遭受攻擊的部位，而不是機翼。事實證明，這個判斷是對的。

民調也是如此。民調公司通常是透過打電話進行調查的，到二〇一六年的時候，美國願意接聽民調電話的人只有不到百分之二十，願意配合完成調查的不到百分之十。絕大部分的人，要嘛一聽是民調就把電話掛掉，要嘛調查進行到中途就放棄了。

這種情況下，如果是一個意見分歧不大、觀點差異分布比較平均的社會，民調結果基本上還可靠。但是，二〇二〇年大選時的情況並非如此，說得嚴重一點，這次大選就是川普的支持者和反對者的對決，而不是川普的支持者和拜登的支持者的對決。

我們可以設想，什麼人不願意接聽民調電話呢？一些是自己時間緊迫的人，如勞工階層、小業主、職業技術人員等。這些人每天辛苦賺錢養家，不願意讓自己的工作被電話打斷。另一些是川普的支持者。他們本身就對傳統媒體的傾向性深惡痛絕，因此大部分是不願意配合媒體調查的，或是在聽到有傾向性的問題之後，就放棄了。

那麼反過來，願意配合民調的又是什麼樣的人呢？

首先是自己可支配時間比較多的人，包括學生、教師、自由業、文化行業的工作者，以及靠福利為生的無業者，等等。其次是本身就傾向於信任媒體的報導，希望借助民調來展示自己觀點的人。這樣一來一回，也就不難想像，為什麼民調會出現偏差。也正是因為民調的偏差，或者說偏見，今天民調的老祖宗蓋洛普（Gallup）公司，已經放棄對美國大選做民調了。

民調的偏見容易理解，那麼大數據的代表「義烏指數」為什麼也不準呢？也就是說，為什麼用行動說話這件事似乎也不可靠呢？這也與偏見發生的機制有關。當一群人的意見高度一致時，看似是思想得到統一，但更有可能的是，這群人陷入了自己的小世界，產生一致的偏見。不得不說，川普是一個很會造勢的人，他能讓支持他的人成為鐵粉，風雨無阻地參加競選集會。當其支持者在社群媒體上，看到川普到其他州拉票時，人山人海的景象，也會前去參加川普在自己所在州的集會，因為他們認定這是他們該有的一致行動。當然，這樣的集會舉辦多了，義烏的小商品訂購量也就上去了。

相反地，拜登的支持者在二〇二〇年的選舉中，成了沉默的大多數（註3-4）。可以想像，對於一個冷冷清清的場合，沒有人會願意去，甚至有人會不好意思去，怕被別人笑話。

二〇一六年和二〇二〇年的大選都有一個特殊之處，就是大部分選民不是覺得候選人好，而是覺得他們的競爭對手更差勁。這個現象在二〇二〇年尤為突出，前面已經提到，那場選舉更像是一場在川普的支持者和反對者之間，進行的全民公投。甚至有媒體說，民主黨就算是放一個玩偶上去，結果也會是一樣的。這樣一來，義烏指數也就失去了參考價值。

社群媒體的大數據統計，也有類似的偏差，喜歡一個人，往往會主動發聲支持，但不喜歡一個人，更多人的做法，是看都不要看見他，也不會提到他。因此，如果根據社群網路的數據進行預測，我們能看見的往往是支持者，反對者在這裡是隱形的。

美國大選只是二選一，但預測起來已經很複雜了。我們平時遇到的很多問題，比這個還要複雜得多，有著各種各樣的可能性，甚至會出現無法預測的結果，因此要做出判斷，就更加困難了。

註

3-4 二〇一六年大選結果出來之後，很多人說川普之所以獲勝，是因為有大量平時不發表意見的人出來投票，那些人被稱為「沉默的大多數」。

偏見的陷阱

當你在做判斷時，最需要避免的是偏見的陷阱。偏見不僅源於自身知識或者經驗的不足、主觀的傾向性，更重要的是，它常常產生於我們與周圍人的一致性當中。比如，川普支持者的一致性，讓他們覺得所有人的行動，都和他們一樣，但實際上，他們只代表比一半稍少一點的人。媒體民調的一致性，讓它們認定絕大部分人的想法也是這樣的，這也是作繭自縛的偏見。

當周圍的人都和我們觀點一致時，這其實是非常可怕，因為這常常會讓我們失去思考能力，理所當然地認為自己的想法就經得起檢驗，畢竟「大家都和我一樣」。就像一群媒體在一起，看到的是一個他們討厭的川普；而一群川普的支持者在一起，看到的是一個備受歡迎的總統。

我們平時會說，「兼聽則明，偏信則暗」。但「兼聽則明」並不是簡單地蒐集來自多少人的觀點。如果只是在與自己觀點一致的群體內反覆求證，自以為已經做到兼聽，其實只不過是偏信的次數變多了。

要真正避免偏見，最重要的是保持獨立思考、理性思考和反思自己觀點的能力。

16／「不能以貌取人」和「相由心生」是否矛盾

我們經常說不能以貌取人，但很多人也會說相由心生，這兩句話似乎是矛盾的。那透過外表來判斷一個人，究竟可不可行呢？

相信每個人都或多或少地遇到過這種情況。我們可能是別人以貌取人的受害者，也可能在不自覺中犯同樣的錯誤。我剛到美國時，在學校裡申請助教的工作。當助教的老師在培訓時，拿出了幾張照片，讓我們找出其中一名成績較差的學生。

照片中的人有的英俊，有的精明，還有一位又胖又醜並且顯得懶散，於是大家就一致認為是他。結果這個選擇是錯誤的。老師提醒我們，這就是迷思所在，絕對不能以貌取人，身為老師，千萬不要以外貌替學生貼上標籤。

在接下來的幾十年裡，我一直提醒自己不要以貌取人，尤其是當我不知道別人的故事時。就拿體重超重這件事來說，它的原因非常多，包括遺傳因素、服用荷爾蒙類藥物等，很多原因其實並不在自身的控制範圍之內。因此不能因為一個人體重超重，就認為他懶惰或者不自律。同樣地，一個人長得不漂亮，主要也是因為遺傳因素，不等於這個人不好、不討人喜歡。

隨著社會的不斷進步，不以貌取人成了一種普遍的要求。像在精品店裡，你如果是店員，不能因為某個人穿著樸素，就怠慢以對，覺得他買不起。事實上，在一些經濟高度發展的地方，如矽谷地區，如果按照一個人的穿著來估計他的財力，常常會出錯。

直覺印象是綜合的判斷

不過，以貌取人真的一點道理都沒有嗎？還真不是。

各種研究都指出，人的外表其實可以展現其精神上的傾向和特質。中國有句諺語，叫作「相由心生」；美國也有句諺語，叫作「trust your gut」。gut 是內臟的意思，這句英文直譯過來就是「相信你的身體」，引申為相信你的直覺。即在判斷一個人的時候，不要做太多理性的推理，你覺得他好，他可能就是好；你覺得他哪裡有些彆扭，雖然說不出原因，但這個感覺可能並沒有錯。

當然，根據直覺評判肯定會有出錯的時候，但實際上，你用別的標準作為判斷依據，也可能會出錯。很多心理學的研究表明，在對人的判斷上，一個人花費幾天、甚至幾個月時間得出的結論，不一定比最開始憑直覺得出的結論更準確。

關於這個問題，我專門請教過心理學家和領導力培訓的教練們，他們提供的解釋，我認為是有道理的。即你和某個人第一次接觸時，如果他沒有給你留下什麼印象，或者你沒有注意到他，你當然無法對他做出很準確的判斷。但是，如果一個人初次見面，就讓你對他做出某些判斷，一定是因為他的些許舉動或者特徵，引起你的注意。

這時，你的大腦其實在飛速運轉，蒐集了很多細節的資訊，在潛意識中調動判斷力，最後由你的價值觀得出一個結論。這時對方的細微表情或者身體的某一個特徵，都會被大腦拿來與我們頭腦資料庫中的內容，進行匹配和對比。只不過這些活動，大多是在潛意識層面進行的，我們的表層沒有意識到這個過程，最後得到的就是一個「直覺的印象」。

當你你直覺對一個人留有好印象時，那個判斷或多或少，是符合自己的利益和價值取向的。

直覺並不是什麼神奇玄妙的本領，它實際上來自我們擁有的知識和過去的經驗。雖然你常常覺得，無法解釋自己的直覺，但它背後，屢屢存在合乎邏輯的解釋，不妨看一個例子。

以人類來說，特別是男人，通常都會對長相甜美、打扮得體的女性有好印象，除非她們的行為和言語破壞了這種好印象。相反地，對於不修邊幅、邋裡邋遢的女性，大部分人不會有好印象。這是否是偏見、以貌取人呢？

有一句話大家可能不陌生：「沒有醜人，只有懶人。」一位女性，特別是職業女性，出門前把自己妝扮漂亮，不僅是為了獲得他人的好感，也是出於對對方的尊重。

我的校友中有位非常穿著樸實的女生。當年她找工作時，履歷投出去通常很快就能獲得面試機會，但是面試了很多次卻都沒有成功。有一次，她在實驗室和我們談及她的苦惱，我看著她每天穿的運動服和球鞋，無意中問了一句：

「你不會是穿著這身衣服去面試的吧？」

她一臉無辜地看著我說：「是啊，有什麼問題嗎？」

旁邊一位羅馬尼亞的女生聽了後大叫起來，說：「天哪，你怎麼能這麼做？」

於是我們紛紛建議她去買適合面試的衣服，並到學校的就業輔導室找老師進行面試的培訓。幾周後，當她穿上新的套裝，打扮起來，再次出現在我們面前時，就如同變了一個人。很快地，她就找到了一份工作。在這一個多月裡，她的能力並沒有得到明顯的提升，甚至面試技巧也未必有脫胎換骨的改變，但我們在和她的相處中，都覺得她整個人有了極大的不同。

雖然我們說人不可貌相，但是當**一個人改變自己外表的時候，也就改變了自己的內心。**這位校友意識到得體的打扮，是對對方的尊重，並且這麼去做了之後，當然會給她的面試帶來新氣象。

寫在臉上的領導力

不過，最能表現一個人的內心，其實還不是他的穿著打扮或者相貌，「相由心生」有著更複雜的機制。多倫多大學心理學教授尼可拉斯．魯爾（Nicholas O. Rule），對臉部感知進行了一系列研究。

譬如，請被試者透過照片對人做出判斷。這些照片來自北美一些大學每年出版的學生年鑑，上面會有那一屆所有學生的照片。魯爾教授請被試者觀看一本十年前的學生年鑑，請他們選出一些看上去會事業有成的人。結果被試者僅憑照片選出的人，和實際情況非常接近。又如，魯爾教授準備了一批女性企業高階主管的照片，讓被試者根據對照片的印象幫她們打分數，結果發現每個人得分的高低，和她們所管理的企業業績有正相關。魯爾教授把這種現象，稱為「寫在臉上的領導力」。

對於以上實驗結果，有很多解釋，其中最有說服力的是，**一個人的內心特質，會導致他發展出某些外表特徵**。結果就是，有時我們可以從一個人的臉上，看出他的性格。今天很多生理學家相信，人如果總是重複某些面部表情，他們面部的肌肉，會受到相應的影響，從而改變臉部的外觀，如臉上的紋路、眼中的神采等。也就是說，人的個性甚至會改變自己的外表。

細微的表情能說明一切

實際上，我們說的「相由心生」，多半還不是單純因為外表或者相貌。我們對一個人喜歡或者反感，主要還不是來自對方的相貌或者講話的內容，而是他講話時的細微表情。

所謂細微表情，持續時間通常不到一秒鐘。如你跟一個人借錢，他臉上流露出短暫的不情願，然後馬上恢復正常表情，說出一個很合理、不傷面子的理由拒絕你。實際上，你如果觀察到他的細微表情，那他後面說話的內容，已經不重要，因為你知道他內心的想法了。

人們在面對面說話時，彼此也在潛意識裡，理解對方臉上的細微表情。這些細微表情，會反映出每個人潛意識裡的想法，或者說內心的想法，影響聽者的感受。如果某個人言不由衷，說出的話和他的表情並不相符，我們其實能夠感覺到這種「偏離」，這時就會覺得不舒服。雖然我們把這種感覺叫作「直覺」，但那其實是大腦集中精力全面評估之後，快速尋找到的答案。

因此，如果你覺得自己有時會有以貌取人的做法，先不必著急否定。這種直覺的存在是有原因的，它實際上是人類發展出的一種能力，幫助我們快速對他人做出評估，判斷對方是否值得信任。在更原始的環境中，這種能力可以增加我們生存的機會。

直覺並不是碰運氣，它其實是我們過去學到的知識和累積而來的經驗。當然，這不是說根據直覺得到的印象總是可靠的，如果事實表明，你對外表的看重超過正常限度，看見誰長得漂亮就把其他的都忘了，那就可能是好色或者花癡了，需要反省和改變。

另外，也要注意，個人的偏見和過去的經歷，也有可能會誤導我們的直覺和判斷力。如因為過去被圓臉的人傷害過，之後看見圓臉的人就覺得不可信，這就是偏見了，因為圓臉和不可信並沒有邏輯關係。這時候，出錯的不是直覺這個機制，而是偏見。

因此，我們需要不斷校準自己，對於錯誤的判斷要及時糾正過來，這樣將來才能做出更好的判斷，並在情感與理性思維之間取得平衡。

本章重點總覽

- 真正的道理是可直白的表達，不需要故弄玄虛。
- 面對那些好得難以置信的事，先想一想「好運氣」背後是否另有原因。
- 人在做判斷時，最需要避免的是偏見的陷阱。偏見不僅源於自身知識或者經驗的不足、主觀的傾向性，更重要的是，它常常產生於我們與周圍人的一致性當中。
- 要真正避免偏見，最重要的是保持獨立思考、理性和反思自己觀點的能力。
- 一個人改變自己外表的時候，也就改變了自己的內心。
- 直覺並不是碰運氣，它其實是我們過去學到的知識和累積而來的經驗。

PROFESSIONALISM

04

職場力

職場力不是指人在職場上的業務能力，業務能力可以慢慢學，只要肯學都不是難事。職場力指的是在現代工業社會裡，專業化的從業者從事各項工作時，所應具備的一套價值判斷原則、工作方式、合作態度和自我管理手段，以確保他們的能力，能夠在工作中發揮效用，自身和周圍的同事，能夠獲得更大的經濟利益。

17／借助「深度工作」，成爲頂尖高手

今天很多人在職場上，面臨著這樣一個困擾：工作幾年後，對自己的職涯發展感到非常迷茫，於是不斷換工作，甚至換行業，但依然覺得在職場中，找不到自己的位置。這些人有一個共同的問題，就是缺乏深度工作的能力。

深度工作的能力，是喬治城大學資訊科學系副教授卡爾．紐波特（Cal Newport），在《深度工作力》（Deep Work）一書中提出的一種工作狀態。紐波特雖然是資訊科學家，但是對社會問題非常有興趣，這可能是受他父親——一名社會學家，同時也是蓋洛普公司的高管的影響。在《深度工作力》一書中，紐波特系統地介紹自己在如何提升工作能力方面的發現，這本書已成為美國很多大型跨國公司的員工訓練教材。

在談如何找到適合自己的工作，以及如何提升工作能力之前，需要弄清楚為什麼年輕人會感到迷茫，覺得各種職業都不適合自己。

目前的年輕人，特別是具有大學以上學歷的，大多有以下三種想法：第一，覺得主管或者公司根本不重視自己；第二，對自己每天做的事情提不起精神來，雖然能完成任務，但好像也做得不算好；第三，即便嘗試了很多職業，也不知道自己適合從事什麼。這三個問題其實都指向同一個本質，就是深度工作的能力不夠，甚至從來不曾進入深度工作的狀態。

紐波特認為，一個人是否喜歡做一件事，很大程度上，取決於他**能把這件事做得有多好**。如一個中學生，如果數學成績比較好，語文成績比較差，他就傾向於花更多的時間在數學上，而且覺得自己有數學天賦，然後數學就會越學越好，語文則越來越差。

同樣地，如果一個孩子網球打得比同年的人好，他慢慢就會覺得打網球是他的夢想，對於其他不擅長的事情，則沒什麼興趣。但如果有辦法讓他把足球也踢得很好，甚至比網球取得還要好的成績，他可能就會覺得，原來自己喜歡做的事情是踢足球，而不是打網球。

工作也是類似的道理。如果一個人從事自己並不擅長的領域，又得不到外界的肯定，就會形成雙重負擔，進而會覺得自己不適合這份差事，接下來便會考慮換工作。現在社會上工作的類型和機會都很多，年輕人可以在十年內換七八份工作，但沒有一份能做到專家的水準。

如果做事的心態沒有變，那麼無論換多少份工作，也只是重複上一次的結果——興高采烈地開始，心灰意冷地離開。當一個人換了好幾份工作，感覺世界上自己能想到的、能做的，好像都已經嘗試了一遍，他就會得出結論，覺得自己什麼也不適合，或者乾脆找一份錢相對多一點的工作湊合做。

這個問題的癥結，並不在於這樣的人沒有潛力把事情做好，而在於他們什麼事情都沒有熟練，進入不了深度工作的狀態。

進入心流狀態

紐波特研究了職業運動員、表演藝術家、科研人員，發現他們在做自己專業的事情時，都會進入一種被稱為「沉浸」的狀態中。紐波特把這種狀態稱為「深度工作」。像一位頂級吉他手在練習彈吉他時，甚至會忘記呼吸（當然，人一旦憋氣就會感到難受，然後我們就會看見這位吉他手大口喘氣）。人一旦進入這種忘我的沉浸狀態，工作效率提高的可不是百分之三十、五十，甚至不是三倍、五倍，而可能是十倍甚至二十倍。

我記得籃球明星柯比（Kobe B. Bryant）有一次在採訪中說，他每次上場比賽前，都在精神上把自己與周圍的環境完全隔絕，腦子裡不再想其他事情。這時，他對隊友的態度就是「哥兒們，現在不要和我說話」。等入定之後，才上場比賽。也就是說，深度工作不只適用於腦力勞動，也適用各類行動。

我自己對紐波特這個觀點是深有體會的。寫書時，若能迅速進入狀態，則文思如泉湧，一小時能寫二千字；但有的時候，心思無法集中，一小時連一百字也寫不出來。我過去做研究時，也有過這樣的經驗，狀態好的時候，連睡覺做夢都在想著工作，三天的成果抵得上平時兩周。

相比之下，有很多人雖然已經參與工作很長時間了，但從來不曾進入這種狀態。紐波特說，只進行簡單的重複性練習，人很快就會達到一個天花板；只有投入忘我的練習之中，人才有可能成為大師。

系統化的「沉浸」練習

如何進行忘我的練習呢？整體來說，就是要進行系統練習，減少外界的干擾，集中精力不能分神，特別是不要用手機。這裡順便說一下，從二〇一七年開始，紐波特就成了「數位產品最小化」的宣導者，鼓勵大家盡可能少用電子產品。在《深度工作力》這本書中，紐波特提供四個具體的練習方法，我在這裡分享給大家。

方法一，要分清楚淺層工作和深度工作的內容，每天安排不同的時間，做這兩種不同類型的工作。像看郵件、聽新聞、整理工作報表等，都可以在淺層工作的狀態下進行。做這些事，即使被訊息或者電話打斷也無妨，甚至戴上耳機聽音樂也沒有關係。

但還有一些事情，是需要在深度工作狀態下進行的。比如，你是一名電腦工程師，在找一個程式上的漏洞，這就需要進入深度工作。此時，你必須全部身心投入其中，不能被任何事情干擾。

大型跨國公司裡，有很多效率很高的管理者，他們通常有一個特點，就是讀郵件和回郵件是不同的時間。前者是淺層工作，後者則是深度工作，因為寫郵件是做決策，需要深入思考。如曾任微軟副總裁的陸奇有一個工作習慣，在全公司每天來得最早、走得最晚，在沒人打擾的時候，他就可以做需要深度工作的事情。

第二個方法，要先衡量深度工作時所做的事，或者所練習技能的重要性和稀缺性。

有一個簡單的辦法，可以衡量哪項工作或者技能具有稀缺性：通常，老闆能用KPI（Key Performance Indicators，關鍵績效指標）衡量結果的工作，都不具有稀缺性，因為KPI的特點，就是換一個人照樣能完成。

有些年輕人換工作的頻率特別快，其實也顯示出他們做的工作不重要，隨便找個人都可以。他們自己固然看不上這份工作，但雇主對其也無意挽留。如果你花了很多時間，掌握了一項很多人都有的技能，那你的重要性就得不到表現。因此，同樣是進行深度工作、深度練習，做什麼事很有講究。

在一個單位裡，有兩種工作是最重要的，一種是項目中具有創造性的部分，另一種是掌控整個項目的部分。前者通常是專業人士、技術專家的特長，後者則是管理者的優勢。一個人最好透過深度工作，側重練習這兩方面的技能。

第三個方法，要和你自己喜歡的人一起工作。

如果你無論多麼努力，都覺得無法和你的主管共事，那可能要考慮換一個組別或者換一家公司。否則，工作中的人際關係會占用你的注意力，甚至影響你的工作，導致你總是得不到深度工作的機會。反過來，如果周圍有一些可以幫助你進步的同事，你不僅能提高自己的認知水準，還能不斷得到關於工作客觀而中肯的回饋。這對於你增強深度工作的能力，就是一個正向循環。

有句俗話說：「男女搭配，做事不累。」這句話在一些場合是非常有道理的。如IT公司，工作環境裡都是男的，可能會太壓抑、太沉悶，人就容易心煩，自然無法深度工作。一定的男女搭配，可以緩解彼此的壓力，讓工作氛圍更好。

第四個方法，儘量少用電子產品。

紐波特認為，電子產品對深度工作能力會造成損害。他說的電子產品，既包括手機、平板電腦等硬體，也包括社群媒體等網路服務。尤其是對於知識工作者，他們的精力和注意力相當寶貴，如果過度使用這些電子產品，最終他們的競爭力會受到損害，成功也就無從談起了。

有人會覺得，使用電子產品是社會的大趨勢，大家都在用，這的確是事實。可是大部分人每天疲於奔命地工作，僅僅能夠維持生計或者養家糊口，這也是事實。如果你覺得大家都這麼做，自己這樣做也無妨，那你能夠超越別人獲得成功的理由又在哪裡呢？紐波特說，當你覺得大家都這麼做，所以自己也可以這麼做的時候，可能就離夢想越來越遠了。

以上這四個方法中，我覺得前三個最重要，而且很實用。

「激情」和「稀有技能」

紐波特在《深度工作力》這本書中一直強調兩個關鍵字：「激情」和「稀有技能」。他認為，對於一般人而言，這兩個特質最能夠幫助自己取得成功。技能的稀缺性這一點，我們剛才已經談到了。接下來，我重點說說紐波特對於「激情」的看法。

他認為，沒有人天生就知道自己要做什麼，大部分人對一件事的激情，來自應付這件事的擅長程度。因此，他建議，年輕人剛開始工作時，可以嘗試多做幾種，但最多不要超過六、七種，這對大部分人來說已經足夠多了。但我覺得，最重要的是，在每一次嘗試中，都要盡可能進入深度工作的狀態，因為只有進入這種狀態，才有可能產生激情。

如果所有的事情，都只是蜻蜓點水地做一做，那麼十年之後，你可能依然不知道自己的夢想在哪裡、自己適合做什麼工作，因為你從來沒有體會過工作的激情。

一旦掌握了深度工作的能力，就已經把同齡人甩在後面了。接下來，找到屬於自己、適合自己的工作，然後借助職業實現夢想，就只是時間的問題了。

18／比敬業精神更高的是什麼

敬業精神是職業化社會對人最基本的要求，人在敬業之上，還需要有一些更高層次的追求。要理解這一點，我想談一談芝加哥公牛隊最輝煌時期的籃板王丹尼斯・羅德曼（Dennis K. Rodman）。

在一場比賽中，一名攝影記者捕捉到其救球的一瞬間——他拚盡全力去救這個球，甚至身體與地面幾乎平行了。看到這裡，很多人會覺得，這肯定是哪場關鍵比賽中的決勝球吧？但實際上，這只是一場普通的NBA例行賽。這場比賽是在一九九七年二月二十二日舉行，羅德曼所屬的芝加哥公牛隊（Chicago Bulls）到客場作戰，對手是波特蘭拓荒者隊（Portland Trail Blazers），實力並不強。羅德曼救球時，場上的比分是八十五比六十五，公牛隊領先二十分，優勢很大。在這種情況下，面對一個快出界的球，馬上就要三十六歲的羅德曼整個人都撲了出去，想要救回這個球。

從很多角度來看，都無法解釋這件事：這是客場比賽，羅德曼不能指望有多少人為他喝彩；而且他和公牛隊的合約快到期了，一般人都希望自己能夠全身而退，不希望有傷影響接下來的機會；這也不是關鍵比賽的一球，救不救對結果都沒什麼影響。總之，從各方面考慮，羅德曼都完全沒有必要去冒這個險。換成其他球員，可能就讓那個球出界了。但他卻本能地做出全力救球的動作。對於羅德曼的這種表現，很多人會說，此乃職業素養。但我不這麼認為，因為即使是非常敬業的球員，也不是每個人都會像他那樣，奮不顧身地去救每一個球。要做到這個程度，需要的就不是職業素養了，而是夢想。這就是羅德曼和一般的職業運動員不同的地方。

「追夢人」羅德曼

羅德曼生長在一個非裔單親家庭，他回憶說不覺得自己有過父親。他的母親非常勤勞，為了養活家裡的三個孩子，曾經一天打四份工，這讓羅德曼明白要靠勞動養活自己。

他和家中的姊妹們都喜歡打籃球，但直到高一，其身高也只有一百六十八公分。在中學校隊裡，羅德曼一直是一名板凳球員，教練也不認為他有任何籃球天賦。很多NBA球員都是高中就嶄露頭角，然後進入杜克大學（Duke University）、北卡羅萊納大學（University of North Carolina）這樣的籃球名校，再順理成章地進入職籃。因此，沒有籃球名校會看中當了三年替補球員的羅德曼。高中畢業之後，他就找了一份機場夜間保全的工作來養活自己。

然而奇蹟發生了。在此後的一年裡，羅德曼突然長高了二十多公分，達到兩百零一公分。於是，他開始夢想成為一名籃球運動員。他找到當地社區學院籃球隊的教練，從社區學院籃球隊開始打起，逐漸練就投籃和搶籃板的本領，這讓他被一所大學看中。但這所大學的籃球水準並不高，在全美大學體育聯盟中，基本上只相當於一支第三級球隊。

但就在這個不起眼的球隊裡，羅德曼做到了三年場均二十四分、十五個籃板，帶領球隊拿到所在聯賽（全國大學校際體育協會，NAIA）的全美第三，締造了校史紀錄。這讓他獲得底特律活塞隊（Detroit Pistons）的青睞。在一九八六年選秀大會上，該隊以第二輪第二十七順位選中他。羅德曼的這番曲折經歷，在NBA歷史上是比較少見的。

羅德曼能夠創造奇蹟，與他對籃球的夢想和信念是分不開的。雖然其性格放蕩不羈，平時行事乖張，但到了教練面前，他就是一個一心追逐籃球夢想的「癡人」。在NBA裡，羅德曼幾乎沒有朋友，大家常常嘲笑他，媒體也喜歡報導他的負面新聞，但是大家都承認他是籃球的忠實信徒。

進入NBA後，羅德曼從板凳隊員開始，靠勤奮練就的防守技能，逐漸表露出自己的價值。一九八七年的季後賽中，羅德曼所屬的活塞隊，對上當時的奪冠大熱門——超級巨星賴瑞．柏德（Larry J. Bird）率領的塞爾提克隊（Boston Celtics）。雖然最後活塞隊輸了比賽，但羅德曼居然能守住柏德，這讓大家對他刮目相看。

接下來的幾年裡，活塞隊在當時NBA最好的控球後衛之一、以賽亞．湯瑪斯（Isiah L. Thomas III）的帶領下，兩度奪得NBA總冠軍，羅德曼在其中也發揮了重要的作用，他也是在那時，第一次獲得最佳防守球員的榮譽。隨後，他效力於聖安東尼奧馬刺隊（San Antonio Spurs），雖然在球場上表現出色，但他不按牌理出牌的行為總是惹人非議，最後被傳奇教練波波維奇（Gregg Popovich）趕出了球隊。幸運的是，芝加哥公牛隊收留了他。

當時絕大部分球迷，都覺得公牛隊此舉是自取滅亡。要知道，活塞隊曾在一九八九年和一九九〇年奪得NBA總冠軍，連續兩年淘汰公牛隊，當時羅德曼和公牛隊的兩位主力球員——喬丹（Michael J. Jordan）和皮朋（Scottie Pippen），可以說是死對頭，每次在比賽中遇到，幾乎都是小動作不斷。因此很多人覺得，羅德曼這個「惡魔」會毀了公牛隊。

對於公牛隊的教練來說，最大的挑戰，就是怎麼把羅德曼這個「壞孩子」，融入到球隊戰術之中。教練和他講得很清楚，投籃這種事有喬丹和皮朋執行，搶籃板、防守、抄截這些「苦差事」，要由你去做。羅德曼面對這種安排毫無異議，在訓練和比賽中都非常配合。就連喬丹都非常驚訝，他能夠那麼快學會公牛隊複雜的進攻戰術。

那一年（一九九五—九九六賽季），羅德曼和喬丹、皮朋帶領公牛隊，勢如破竹地奪得總冠軍，並且創造NBA歷史上例行賽勝率的紀錄（七十二勝十負），這個紀錄保持了二十年，才被金州勇士隊超越（二〇一五至二〇一六賽季，七十三勝九負）。羅德曼和喬丹、皮朋一起入選了當年的最佳防守陣容，這也是NBA歷史上，第一次有三位同隊隊員，同時入選最佳防守陣容。

在整個NBA職業生涯中，羅德曼連續七年成為籃板王，所在球隊五次獲得總冠軍。雖然於場外流言不斷，但一旦站到球場上，他就是一個追夢人、一名不折不扣的鬥士。

「夢想」的三個基本要求

一件事情能做到多好，常常要看一個人用什麼態度去做。

用單純對待工作的態度去做，一般情況下能做好，但遇到麻煩就可能會推脫責任。要再進一步，就需要具有敬業精神，只有這樣，人才能夠在順境和壓力下，都維持比較高的工作水準。但如果還要再往上走，做到別人做不到的事情，就需要有夢想和信念了。

「夢想」這個詞，也許你已經聽得厭煩了，很多人都會說「我有夢想啊」。但夢想不是口頭上說說而已，我認為，如果達不到以下三個基本要求，夢想就只是空想。

第一，為夢想付出過長期的努力。羅德曼付出過，賈伯斯也付出過。

第二，不是在拿別人的資源成就夢想，而是為了夢想傾盡自己的所有。我以前講過，馬斯克為了成立公司，賭上了自己的全部身家。而很多創業者說自己有夢想，只是騙騙投資人而已，一轉身便在股票高價位時套現離場。

第三，為夢想放棄過其他機會。這是檢測「真正夢想」的試金石。很多人想到有名的大學拿一個學位，卻不願意放棄目前收入不錯的工作，這樣的夢想永遠不會實現。羅德曼在大學時，也是籃球場上的得分好手，但到了NBA，卻只有做苦工的份，如果不願意這樣做，他後來也不能實現自己的夢想。

長期的努力、傾盡所有的付出、為夢想放棄其他機會，只有做到這三條，夢想才不再是幻想，而是未來的現實。

19／孫悟空的緊箍究竟有何作用

「逆向思維」和「換位思考」都是很時髦的名詞，我們一開始不喜歡的東西，經過逆向思維和換位思考，就能體會到，它們的存在可能有一定的道理。

孫悟空頭戴的緊箍便是這樣的東西。我不知道你對孫悟空被戴上緊箍這個情節有什麼感覺，至少我小時候讀到時心裡很不好受，因為孫悟空從此失去了自由。不過，長大以後，我對這件事又有了新的思考：孫悟空最開始是被迫戴上的，但後來卻逐漸開始享受它。

當然，我知道這麼說很多人會不同意。緊箍明明是他人加在孫悟空頭上的一個枷鎖，讓其從此失去想做什麼就做什麼的自由，特別是不能隨意打殺妖怪，甚至限制他懲奸除惡。這樣一個枷鎖，他怎麼可能享受呢？

孫悟空與金箍

我們別急著下結論，先來看看書中孫悟空從戴上金箍到最後得道成佛，這期間他的心態變化。這個心態變化基本上可以分成三個階段。

第一階段是，觀音菩薩交給唐僧一套衣服，其中有一頂「嵌金花帽」，緊箍就在帽子裡，她還教給唐僧一篇「定心真言」，也就是緊箍咒。後來孫悟空看到這一套衣服，有些喜歡。唐僧就順勢說這套衣服如何好，勸說他穿上。孫悟空就歡天喜地地穿戴上了，其實是被騙了。為了試驗緊箍咒靈不靈，唐僧開始念咒。孫悟空發現，原來自己上當了，想把緊箍摘下來，卻毫無辦法。這時，孫悟空的心態是不情願和反抗。

到了第二階段，孫悟空屢屢受到緊箍咒的懲罰，最主要的有三個場景。第一個場景是孫悟空要打唐僧，唐僧念了一次；第二個場景是三打白骨精，唐僧念了三次，這導致兩者的師徒關係一度破裂，孫悟空甚至返回了花果山；第三個場景是在烏雞國，唐僧為了讓孫悟空救國王，又念了一次。

在這幾次念咒的過程中，孫悟空基本上是從反抗到順從，可以說緊箍咒對孫悟空是發揮作用的。但是，三打白骨精的故事發生在第二十七回，烏雞國的故事結束在第四十回，而《西遊記》後面還有六十回呢。

在後六十回裡，唐僧雖然還念過幾次緊箍咒，但基本上都是烏龍。其中，一個場景是為了分辨真假唐僧，另一個場景是假悟空六耳獼猴搗亂打死了人，最後一個場景是為了分辨真假孫悟空。如果加上一開始唐僧為了試驗緊箍咒靈不靈那一次，書中一共出現過七次唐僧念緊箍咒的情節。

孫悟空真正被金箍所管束、懲罰的時候，其實就是最開始的一段時間。從篇幅上講，就是從第十四回，唐僧在五指山下救出孫悟空，一直到第四十回，他們一行人離開烏雞國。這段時間，僅僅占了取經時間的大約三成，並不算很長。

第三階段，就是孫悟空逐漸開始享受金箍的過程了。為什麼這麼說？因為戴上緊箍，他這隻神仙們原本看不上眼的野猴子，就成了佛門嫡系。此時，不但找觀世音菩薩幫忙是有求必應，還能調動天上的神仙。神仙們如果不肯幫忙，他就拉人家去玉帝或者佛祖面前評理。久而久之，他甚至可以和道教始祖太上老君、地仙之祖鎮元子等稱兄道弟。這種好處可不是他當美猴王的時候能擁有的。

很多人說，吳承恩寫《西遊記》，是藉著神話故事來描繪社會現實，這種說法有一定的道理。我在《閱讀與寫作通識講義》一書中講過，任何文學作品，歸根究柢都是現實主義作品，因為虛構的內容，總是受制於作者的現實生活，往往也會成為對現實生活的反映。

孫悟空對緊箍的態度，從剛開始的不情願、反抗，到後來的順從，甚至是享受，其實很有現實意義。實際上，幾乎每一個人的成長，都是一個從反抗緊箍到享受緊箍的過程。緊箍這東西，有好的一面，也有不好的一面。它不好的那一面，誰都能很直觀地感受到，我們就不說了。接下來看看緊箍好的那一面。具體來說，也就是緊箍的用途。

孫悟空是誰？他神通廣大，可以長生不老。那麼他算是神仙嗎？很多人覺得可以算。但其實他並不符合神仙的條件，因為其雖然有靈性，卻沒有神性，本心依然是一隻猢猻。如果只憑自己修煉，就算再修個幾千幾萬年，他可能依然只是一隻猢猻。《西遊記》裡被孫悟空打死的妖怪，很多修行時間也不短，但依然登不得大雅之堂。

然而，孫悟空是幸運的，他被如來佛祖和觀音菩薩選中，伴隨唐僧去完成一番偉業，於是被佛門這個組織接收了進來。為了防止野性未泯的孫悟空闖禍，也為了避免他中途退卻，觀音和唐僧就要用緊箍咒約束他。任何人在剛開始受到約束時，都會覺得很痛苦，孫悟空當然也不例外。所幸在取經的路上，唐僧用自己慈悲為懷的行動，慢慢感化孫悟空，最終其心態也發生變化，不再惦記著回花果山當山大王，而是心甘情願地護著師父，完成取經的大業。

且在戴上緊箍之後，孫悟空很快發現他被神仙的圈子接納了。在之後降妖除魔的過程中，他不再孤身戰鬥，而是背後有一個強大組織的奧援。在後來的取經歷程中，你也能發現，孫悟空很享受與眾神仙為友而不是為敵的生活。可以說，這是緊箍帶給他的直接利益。

孫悟空最終成了佛，但成佛之路本身是漫長甚至痛苦的。唐僧歷經八十一難取到真經，孫悟空也伴隨師父經歷了大部分磨難。不同的是，唐僧要克服的主要是外界的磨難，而孫悟空則要時時刻刻與自身的惡爭鬥。

緊箍的限制，在某種程度上，是幫助孫悟空戒惡戒嗔，讓他放棄心中與佛性相違的貪嗔癡慢疑，逐漸獲得自己的神性。事實上，當孫悟空開始放棄獸性，唐僧也就很少用緊箍咒懲罰他了。嚴格來說，只有在三打白骨精那個場景中，唐僧才真正對他施以嚴厲的懲罰。

等到孫悟空完成修行，到達雷音寺，見到佛祖成佛了，頭上的緊箍也就自動消失了，因為緊箍，或者說戒律，已經內化到他的心中。

其實，緊箍並不獨屬於孫悟空。唐僧的心中、佛門眾弟子的心中，都有屬於自己的「緊箍」。

自律即自由

那麼「緊箍」到底是什麼呢？

康德（Immanuel Kant）的一句話也許可以回答這個問題。他說：「有兩種東西，我對它們的思考越是深沉和持久，它們在我心靈中喚起的讚嘆和敬畏，就越是歷久彌新，一是頭頂浩瀚燦爛的星空，一是心中崇高的道德法則。它們向我印證，上帝在我頭頂，亦在我心中。」這句話還有另一個更精煉的翻譯版本：「世界上只有兩樣東西是值得我們深深景仰的，一個是我們頭頂上的燦爛星空，另一個是我們內心崇高的道德法則。」「緊箍」其實就是這樣的東西。

我們總說過去總是說「舉頭三尺有神明」，這就是中國人心中的「緊箍」。正是因為有這樣的約束，君子才會謹言慎行，百姓才懂得諸惡莫為。康德還說過，「自律即自由」。一個人如果懂得約束自己，限制自己，他也就因此而自由了。

現代社會崇尚自由，但我覺得還是需要戴一個「緊箍」。這個「緊箍」有三層內涵：

第一，它是基本的行為準則和道德規範，用古典自由主義者的觀點來說，就是秩序和法律。

第二，它是自然法則，也就是宇宙中基本的運行秩序。

第三，它是個人以外的，來自組織的力量。

我想與大家分享的是第三層內涵，即組織的力量對自己的限制。

我經常會用共同體來說明組織的作用。共同體是一個特殊的組織，組織內的人，需要融入這個共同體才能生存。可以說，各行各業都有共同體或者類似的組織。一個職業人士，一旦進入這樣的共同體，就戴上了一個「緊箍」。

一開始，很多人肯定也和孫悟空一樣，覺得不自由，到處碰壁，甚至會受到懲罰。但是，最終能夠在各種專業領域走得遠的人，都是能夠理解和接受「緊箍」的人。當然，就像孫悟空的緊箍一樣，這種限制的另一面，也是一種認可，如果一味排斥這種限制，實際上也是在排斥來自一個組織的認可，也就失去了融入組織、借力於組織的可能性。

我經常和創業者說，當你拿到投資的時候，其實也就戴上了一個「緊箍」。一個初創公司，在沒有獲得融資時，盡可以完全按照自己的意願做事情，想做什麼就做什麼，想怎麼花錢就怎麼花錢。但是，一旦獲得融資，它就有了很多限制，也就是「緊箍」。如創始人不能隨意幫自己訂薪資，要注意節省辦公成本，做事情必須規範，有些不被看好的項目就不能做了。

這些「緊箍」有時會帶來嚴厲的、甚至是刻骨銘心的懲罰。等到被大公司收購或者上市，初創公司就有了更多的限制。但是，換一個角度來看，這些「緊箍」恰恰是初創公司被市場看好的證明。也正是靠著這些「緊箍」，很多初創公司才能成長為一家做長久生意的企業。

20／美國頂尖大學的教授是如何晉升

上一節中，提到了共同體的作用，這篇文章就來說個很具體的問題：美國頂尖大學的教授是如何晉升的？從這個過程中，大家能體會到專業共同體是怎麼運作的，也能了解到「緊箍」的作用，文中所提及的原則，還能夠讓在大公司追求職涯發展的人，獲得些許啟發。

由於美國大學的教授升遷方式各不相同，這裡就以我最熟悉的約翰・霍普金斯大學、麻省理工學院和史丹佛大學，某些院系的晉升原則為例來說明。其他大學在具體操作上，會有一些細節的差異，但原則基本是相同的。

在美國的大學裡，教職人員的職業生涯基本分為兩條線，一條是終身教職線，即 tenure track；另一條是非終身教職線。這兩條線涇渭分明，在非終身教職線上的人，幾乎沒有可能轉到終身教職線上。因此，在美國進入終身教職線，是件很不容易的事情。不過，進入這條線，也只是說明將來有希望成為終身教授，還不等於已經成為終身教授。

終身教職線上有三個職級，依次是助理教授、副教授、正教授。要特別說明的是，助理教授不是助教。在美國，助教是由博士生兼任的，不是正式職位。另外，這三個職級的人都能帶博士生（即博士論文指導教授）。

在大部分的學校，從第二級的副教授開始，就能獲得終身教職，但也有個別大學只有正教授才是終身教職。二十多年前我在約翰·霍普金斯大學讀書時，學校就是這樣規定的，後來在二〇一〇年前後，將副教授改成也是終身教職。通常，美國的大學會給一位助理教授五至七年的時間，看看他能否升到副教授。如果行，就留下；如果不行，對不起，走人。因此，從某種意義上說，這就相當於給助理教授戴上「緊箍」，他們必須拚命工作，直到獲得終身教職，「緊箍」才能摘下來。

在美國的大學裡，各個系並沒有正教授、副教授和助理教授的比例限制，所以也就不存在晉升名額的說法。倘若這次有五個人申請晉升，如果五個人都合格，那麼都可以得到晉升；如果都一個不合格，就完全沒人會得到晉升。

如何才能符合晉升的條件呢？通常來說，要過四道關卡。

第一關是職稱評審委員會的審查，這個委員會是由全系的教授大會任命的，所有成員都是獲得終身教職的教授，皆有否決權。也就是說，你的晉升需要委員會全票通過才行。

職稱評審委員會審查的是什麼呢？主要是申請人的資格。依據是申請人教學、科研的一些硬指標，如講課時數、學生評語、科研經費的數額、帶博士生的數量等。這些指標，特別是科研經費的數額，並沒有絕對的標準，但總之是工作做得越多越好。

接下來是第二關，考察申請人的學術水準。因為委員會裡的教授，和申請人的專業領域不一定相同，他們未必能很準確地判斷申請人的學術水準，所以美國的大學，通常是靠一種特設的臨時委員會，對申請人的學術成就進行同行評議。這個臨時委員會的成員，就不一定是本校教授了，可能是其他大學的教授，或此領域的資深人士。系主任會召集這個臨時委員會進行評議。先由系主任介紹每一位申請人的情況，然後委員會的委員對申請人是否合格進行判定。在大多數大學裡，也需要全票通過才能過這一關。（註4-1）

系裡的這兩關通過了，第三關就要到學院裡，如工學院、醫學院等。學院會組織一個執行教授委員會，來審核整個學院所有的晉升申請。

這個委員會由學院的所有系主任組成，如果某位系主任不能參加，他會指派一位資深教授代替他去開會發言。這時，每位系主任要向大家陳述，自己系裡所有申請晉升者的資料，特別是前面兩個委員會的評審意見。

這一關主要有兩個目的。一是審核申請者的資料是否合乎規定、是否達到整個學院的要求；二是各個系之間彼此校準，因為系與系之間的尺度，也可能有所不同。

學院的這一關通過了，就到了學校這最後一關。只有得到大學的校長或者董事會批准，晉升才能生效。這一關沒有太多實質性內容，但是由於校長或者董事會不是隨時都有時間，因而這一關可能會耽擱一些時日。但這種耽擱也是有影響的，在此期間，萬一有人提出非常強烈的反對意見，就需要進行覆核。

聽完這個繁瑣的過程，你會發現，在美國混到終身教職確實不容易。實際上，在美國的

註

4-1 在規模比較小的院系，同行評議這一項，有時也會放在資格評審之前，同行評議的意見作為申請資料之一，提交給系內的評審委員會。

頂尖大學裡，選擇終身教職線的學者，大約只有一半的人最終能獲得這個職位。

在這條漫長的晉升道路中，有什麼因素是發揮決定性作用的呢？雖然各個大學略有差異，但是有一點是差不多的，那就是在學術水準達標的前提下，同行評議和個人人緣，是決定晉升與否最重要的因素。

在美國，無論是助理教授升副教授，還是副教授升正教授，都沒有論文數量和科研經費數額的嚴格要求。當然，在一所研究型大學裡，一個人科研經費是零，肯定也不行。但既然沒有硬性的數值指標，判定一個人的水準高低，很大程度上，就取決於他在學術界是否被同行認可了。學術界對你學術成就的認可，比你發表論文的數量重要得多。不僅晉升是這樣，發表論文、申請經費，都會受到這方面的影響。從助理教授升為副教授，通常需要三至五封的推薦信，而從副教授升到正教授，可能需要多達五至七封，而且常常要求校內和校外的各一半。之所以要求有校外的推薦信，是為了防止利益衝突——既可預防在學校內的競爭對手排擠你，也能預防你在學校拉幫結派。

為什麼大學不看重論文數量、科研經費數額這些硬指標，而要看同行推薦這樣的主觀評價呢？原因很簡單：你是否有足夠的能力和聲譽，同行是最清楚的。在這種評審制度下，想透過發表很多沒用的論文來鑽漏洞就行不通了。

不僅對教授的評量是這樣的，對大學的評量也是如此：只有學術界的人都認為你是一流教授了，你才能算是；只有學術界都認可某所大學是世界頂尖大學，它的地位才能真正被確立起來。

我比較熟悉的約翰．霍普金斯大學和史丹佛大學，對副教授的要求，是在領域內擁有全國性的聲譽（national reputation）；對正教授的要求，是具有國際性的聲譽（international reputation）。在美國，有些教授在中國已經很有名了，但是他們的級別似乎不算高，這主要是因為年紀還輕，在學術界的地位尚未被確立。如史丹佛大學的李飛飛教授，多年前在中國就很知名，但到二〇一七年才被提升為正教授，這不是因為她水準不夠，而是因為在全世界的學術圈內樹立名聲，需要時間。

這樣一來，你就能理解為什麼我說人緣很重要了──因為同行的認可，除了和絕對的學術水準相關，也和人緣有密切的關係。同行評議的推薦人，一般都是由自己指定的，但推薦信你不能看，系主任會直接向推薦人索取。當然，推薦人越有名，信就越有分量，如果能得到學界泰斗的推薦，晉升的機會就會大很多。

而負面的推薦信常常是「致命」的，委員會在評議時，可能會要求你的系主任一條一條解釋裡面的負面評語。如果系主任力薦你，少量的負面評語可能還能解釋得過去；如果系主任和你關係一般，那幾條負面的評語，就會讓你六七年的努力付之東流。

同行評議還有一個好處，就是它在客觀上，能促進整個學術界的團結。雖然兩所大學的教授，在爭奪科研經費時可能會「吵架」，但是在同一個學術圈內，他們仍然更重視合作，因為彼此或許會打一輩子的交道。

講完教授晉升的過程，你可能也發現了，獲得學術圈的認可，遠比單打獨鬥更重要。其實不僅學術界，越是歷史悠久的大公司和大機構，其晉升越是講究流程和重視同事的看法，因此很難單靠一件事的功勞，獲得破格晉升。

那麼，這種方式是否有可能埋沒一些英才？一定會。但是從組織的角度來看，這種做法是最妥當的。回到我們自身，如果要在組織中發展，也需要換位思考。這不是說讓你換位到某個領導者的位置，而是說要以整個組織的視角，來思考公司未來有怎樣的需求，並以此進一步審視個人的職涯發展路徑。

21／高情商不只是能言善道

每一個人都希望自己有高情商，這被公認為職場成功的關鍵因素之一。那麼究竟什麼是情商呢？

有人把它簡單理解為待人接物的能力，但實際上，情商所涵蓋的範圍絕不只於此。具體來說，情商包括以積極的方式管理自我情緒、緩解壓力的能力，理解他人的能力，以及與他人進行有效溝通的能力，這些能力最終會幫助我們，達到克服挑戰和化解衝突的目的。也就是說，情商其實包括三個方面，但是很多人往往認為情商，就是能和他人有效溝通，卻忽略管理自我情緒和理解他人這兩個重要的方面。

很顯然，如果一個人能夠管理好自己的情緒，富有同理心，且站在他人的角度想問題，即使他不善於溝通，情商也未必很低。相反地，如果一個人學了很多所謂辦公室政治手段和溝通技巧，但是無法管理好自己的情緒，衝動易怒或者容易消沉，對周圍的人缺乏同理心，那即使他看上去很會交際，情商也未必高。

這兩個方面，對於一個人克服挑戰、化解衝突、建立友誼都是必要的。一個很會獻殷勤的人，有可能讓人覺得很「假」，因為缺乏同理心的溝通技巧，你一眼就能看出來。然而一個稍顯木訥卻很真誠的人，反而能贏得你的信任。相比之下，其實後者情商更高。

當然，以上是比較概括的說法。既然情商中有一個「商」字，就意味著它需要一個可量化的標準。我們知道智商可以透過測試衡量，那麼情商該如何衡量呢？情商研究專家，同時也是把此一概念推向世界的美國心理學家、超級暢銷書《情商》（Emotional Intelligence）的作者丹尼爾．高爾曼（Daniel Goleman），與另一位心理學家崔維斯．布萊德貝利（Travis Bradberry），提出了衡量情商的七個維度。

根據這七個維度，這兩位心理學家設計了一套相應的量化檢測問卷。不過，我個人認為不必太關注這種測試的分數，因為分數不是絕對的。與之相比，衡量情商的七個維度，對個人的意義更大，可以讓你具體地了解培養情商的方向。

高爾曼和布萊德貝利提出的這七個維度分別是：

一、自知，或者說了解自己；

二、對情緒的自我控制；

三、同理心；

四、適應能力，或者說有效控制變化的能力；

五、不沉溺於過去；

六、善於表達；

七、專注。

同理心是情商最重要的展現

在這七個維度裡，我覺得最需要培養的是同理心。其他幾個維度，都是大家非常熟悉的情商內容，已經有不計其數討論如何改進這些方面的書和課程了。但是，同理心這一點卻常被人忽視，人們很容易以為情商是善於影響別人的能力，卻忽略了其本質是理解自己和理解他人的能力。

我有一位非常成功的企業家朋友，曾經和我分享過他親身經歷的兩件事情。這兩件事充分表現出同理心在情商中的意義，接下來我就將它們以及我的思考分享給大家。

不要無謂地做「帶來壞消息的人」

大約十年前，我這位朋友的企業年收入就已經上億，公司有近百名中層幹部。有一回，這個老闆準備好了股東大會報告，下班之前，先在公司內部網路發給中層幹部，想看看大家有什麼意見和建議。

在報告中，起草人不小心犯了一個小錯誤，把營收資料這一項的單位「萬元」寫成了「元」。有的主管很快就發現這個錯誤，並立刻通知老闆，所以他當時就知道報告中存在這個錯誤了。但是當時已是下班時間，祕書和報告的起草人都離開了，暫時沒有人去更正，所以後續所有有權限的中層幹部，都看到了這個錯誤。

第二天一早，這個老闆收到了大約四五十份關於報告的回饋，有一大半是在具體討論還有什麼可改進的地方，另有一小部分就只有一句話，說發現營收資料的單位漏掉一個「萬」字。這個老闆跟我說，透過這件偶然發生的小事，他就發現不少主管的情商可能不太高。

為什麼這麼說呢？他提出兩個看法。

首先，除了一開始就指出那個筆誤的一些人之外，那些更晚才提交回饋，卻只說了這一處錯誤的人，情商是有問題的，而且問題就出在同理心上。一方面，這部分人沒有考慮到老闆收到回饋之後的想法；另一方面，他們也沒有考慮過同事的做法。

老闆將報告發給大家，當然是希望得到有建設性的意見和建議，結果他們只是挑出一個筆誤，這樣的回饋沒有意義。而且僅僅一個小錯誤被人反覆提起，老闆心裡一定不痛快。只要稍微想一想就應該知道，這樣明顯的錯誤，通常一開始就會有同事指出來，如果你的回饋提交不夠早，大概就不是那個第一個發現的人，那就沒有必要去做一個反覆帶來壞消息的人。

更重要的是，在這種情況下，如果真的沒有建設性的意見，即使不回覆，老闆也不一定會對他們的業務能力或責任心有更多的想法。但如果回覆了，卻只提了這樣一個最顯而易見的錯誤，老闆就不免會產生這樣的想法：這到底是因為他們提不出有建設性的意見，還是對公司的發展其實不上心呢？

高情商要表現在行動上

我這位朋友的公司原來有兩款產品，一款是針對 Wi-Fi 技術，另一款是針對藍牙技術，分別由兩個部門負責。之後隨著技術的發展，這兩款產品需要合二為一。但是，這兩個部門的負責人和一些業務幹部都反對合併，因為這會損害他們各自的利益。於是他分別找來兩位負責人，了解他們的想法。兩位負責人都表達了三點想法，前兩點基本一致，最後一點卻大相徑庭。這三點想法是這樣的：

第一點，兩位負責人都表示，兩款產品的合併勢在必行，這說明其實兩人心裡都明白事情應該怎麼做。

第二點，兩人都表達希望合併後，由自己來負責這兩款產品開發的意願。關於理由，Wi-Fi 負責人說，自己能夠對兩個團隊做到公平對待；藍芽負責人則強調，自己能力更強，而且未來藍芽會更重要。後者這麼說是有道理的，因為當時 4 G 網路已經發展起來，很多地方未來可能不需要 Wi-Fi 了，手機就能成為上網熱點；而隨著可穿戴式設備的興起，藍芽設備數量會增加很多。

第三點就不一樣了。Wi-Fi 負責人說，如果公司決定由另一位主管，來負責這兩款產品，希望公司能給他安排合適的位置，他會繼續為公司效力；藍芽負責人則說，如果公司決定讓另一位主管來管理，他會考慮離開公司，因為在過去有競爭的同事手下工作，他可能無法發揮自己的特長。

老闆聽完兩人的陳述，就有了想法。接下來，他把兩個部門合併了，任命藍芽負責人作為合併後新部門的負責人，職級提高了半級；然後安排 Wi-Fi 負責人去新成立的部門，開發未來的通訊產品，職級也提高了半級，但是手底下的人並不多。到此，你覺得這位老闆的處置是否公平呢？藍芽負責人是否為「會吵的孩子有糖吃」呢？順道提一句，這家企業今天的年銷售額已經達到上百億元，可以說我這位朋友作為企業家是相當有水準的。在當初做決定的時候，他已經覺得藍芽負責人有些缺乏同理心，溝通時不太考慮老闆的想法，但是他並不希望因此失去一個業務骨幹，於是先給了藍芽負責人一次機會。

同時，對於能夠站在企業角度考慮問題的 Wi-Fi 負責人，他是很認可的，但是他要考察清楚，對方是否能用行動證明自己識大體。因此，讓 Wi-Fi 負責人去開發新產品，既是考察他後續的行動，也是先把他保護起來。

果然，在接手合併的部門後，藍芽負責人在重要項目中，都任用自己的老部屬，打壓原來 Wi-Fi 部門的人，甚至在資源分配上，剝奪 Wi-Fi 產品推廣的部分。於是半年後，老闆請他走人了。而原 Wi-Fi 負責人，在新部門開發的通訊產品已經有了一些雛形，這時便被公司指定接手 Wi-Fi 和藍芽的全部業務。

事實證明，這位負責人確實做到對自己的老部屬和其他部門的人，「一視同仁，不分彼此」。他接手後，公司無線通訊的業務一直發展平穩。

從這兩件事可以看出，與其說高情商是能言善道，不如說是能夠體察人心、換位思考，也就是有同理心。情商本身是一種基礎的能力，想要提高它，不妨從最基本的同理心開始做起。最後，值得一提的是，在高爾曼和布萊德貝利提出的、衡量情商的七個維度中，除了同理心，另一個值得留意的重點是專注。

情商較高的人，懂得把注意力放在那些更關鍵的事情上，不會輕易分心，而這其實決定一個人每天能夠完成多少工作，以及能取得多大的成就。很遺憾的是，現實中這一點常常被人忽視。有關這方面的內容，我將在第五章進行詳細論述。

22／能否成爲贏家取決於抗壓能力

相比過去的世代，我們在收入水準和物質生活，都有大幅度的提高，因為賺不到錢活不下去而導致的壓力，應該比過去小。但是，卻普遍感覺壓力比上一兩代人更大，無論是生活上還是工作上都是如此。這種現象也很容易解釋，因為大家所感受的壓力主要不是來自溫飽，而是來自社會。

主要是社會比過去複雜很多，你不得不和很多人打交道，而與人打交道通常的過程不會一帆風順，難免產生矛盾，有了矛盾就會有壓力。但是很多人，特別是年輕人的抗壓能力卻非常差，動不動「玻璃心」就碎了。

其實，一個人能走多遠，能晉升到多高，不在於本事有多大。本事再大，「玻璃心」一碎，一切清零。因此，抗壓能力是職場力重要的組成部分，甚至是發揮決定作用的因素之一。

同為名將結局不同

先來對比歷史上兩個了不起的人物，深刻理解抗壓力的內涵，以及它的重要性。這兩個人生活在同一個時代，有著頗為相似的背景和才幹，但是結局差異甚大，他們就是唐朝的中興名將郭子儀和李光弼。

郭子儀雖然是武狀元（當時叫作武舉高等）出身，但是早年並未受到重用，因為他年輕的時候，朝廷名將如雲，像高仙芝、哥舒翰和王忠嗣等人仍威震海內。到了唐玄宗晚年，安史之亂爆發。當時朝廷已經人才凋零，各地守將節節敗退，於是正式任命在家守孝的郭子儀出任朔方節度使（註4-2），奉詔討逆。

郭子儀聯合另一位中興名將李光弼出兵，擊敗叛軍副帥史思明，收復河北，隨後又領軍奪回長安、洛陽兩京，最終平定了安史之亂。之後，他被拜為同中書門下平章事（宰相）和兵部尚書，一時風光無比。

但是，在唐朝中期有一個怪現象，就是宦官的權力特別大，他們不僅把控朝政，甚至直接擔任宰相，這是歷朝歷代所沒有的。當時有一位權傾朝野的宦官叫魚朝恩，數次陷害打擊郭子儀。於是他被解除兵權，賦閒在家。

幾年後，官軍譁變，朝廷恐懼，於是趕快加封郭子儀為汾陽郡王，請他出山收拾殘局。這時候，另一位宦官程元振又因嫉恨郭子儀，在皇上面前挑撥離間，他的兵權再次被解除。誰知第二年，吐蕃趁亂攻占河隴地區，直逼長安，京師震動。當時的皇帝唐代宗只得再度啟用郭子儀，然後自己就棄城逃跑了。郭子儀用計收復長安，然後將代宗迎回。代宗羞愧道：「用卿不早，故及於此。」

此後，郭子儀多次平定叛亂和外族入侵，讓唐朝能夠在安史之亂後慢慢恢復國力。唐代宗去世後，其子唐德宗繼位，尊稱郭子儀為「尚父」，這是歷史上皇帝給予大臣非常罕見的禮遇。

註

4-2 轄地在今天寧夏吳忠市附近。

在中國歷史上的名將中，郭子儀被後世看作完人。這不僅因為他功勳卓著、忠心耿耿，更重要的是他抗壓能力特別強。用柏楊的話說，郭子儀對來自四面八方的猜忌和懷疑、讒言和陷害，採取的是毫不設防的方式，把自己呈現在皇帝、宦官和權臣等「鯊魚群」面前，不但絕不反擊，而且毫無怨言。這使「鯊魚群」相信他確實於己無害。最終，時間幫了他的忙，這些妒忌他、陷害他、為難他的人，都成了他的手下敗將。

和郭子儀形成鮮明對比的，是同時期的名將李光弼。

李光弼是契丹人，他的父親是契丹酋長，母親是契丹名將李楷固之女。在武則天統治時期，李光弼的祖先內附唐朝。他從小就善於騎射，讀過史書，有謀略，後來被郭子儀推薦擔任河東節度使，並且與郭子儀一同多次打敗叛軍。要說打仗，李光弼其實更在郭子儀之上。唐軍在鄴城遭遇慘敗之後，多虧其整飭部隊，衮衣以歸（指立下赫赫戰功），唐朝才有了再戰的資本。

隨後郭子儀失去兵權，李光弼實際上成了唐軍的主帥。他治軍嚴明，先謀後戰，常常以少勝多，最終平定了安史之亂。《舊唐書》認為，李光弼「沉毅有籌略，將帥中第一」，即使是孫武、吳起、韓信、白起等人，比起李光弼也「或有愧德」，可見他的軍事才能之高、功勞之大。

但是，就是這樣一個大功臣，皇帝也沒有完全信任他，宦官程元振、魚朝恩等，素與李光弼不睦，天天在皇帝面前講他的壞話，只是朝廷不得不倚仗他，才沒有加罪其身。最後李光弼因為不得志，憂鬱成疾，五十多歲就去世了。

面對強敵，李光弼向來指揮若定，按說他的抗壓能力應該不差，但是相比於郭子儀，在面對皇帝的猜疑和宦官的陷害時，他就顯得不那麼淡定、不那麼能抗壓了。雖然後世對他的軍事才能評價極高，讓他的畫像上了凌煙閣（註4-3），而且從唐朝後期開始，歷代配享武廟，但是人死不能復生，這些後來的榮譽無法彌補他生前的遺憾。

註

4-3 位於唐長安城太極宮西南三清殿旁的小樓，唐朝皇帝將歷代功臣的畫像掛於其中。

面對挫折的反應

在職場中，多疑的主管、嫉妒的同僚、喜歡構陷的小人依然隨處可見。何況工作本身也不會永遠順風順水，挫折和困難會伴隨整個職業生涯。因此，為了能夠應對挑戰，並且得到自己應得的報酬、榮譽和肯定，都需要有一顆強大的內心，不僅要能坦然接受工作中的挫折，還要能應付來自他人的阻撓、反對和詆毀。遺憾的是，目前的學校教育很少觸及挫折教育這一塊，甚至家長和老師，也因為害怕傷了年輕人的心，而營造出一個「真空無菌」的環境，讓他們錯誤地以為，自己能夠一路無阻地突飛猛進。等進入社會和職場中，這些年輕人才發現處處是障礙，有來自競爭對手的，也有來自自己陣營的，總之諸事不順，好像社會在處處與自己作對。

很多人面對工作的壓力，譬如遇到難題時，會迸發出潛能，想辦法解決它。但是遇到他人帶來的壓力，像是對自己的否定和阻撓，反倒不少人會一蹶不振，鬱鬱寡歡。

面對他人對自己的否定，要先弄清楚問題是出在自己身上，還是來自他人的偏見。其實，只要不是為了反對而反對的聲音，都值得思考，這可以讓你從新的視角看待問題、完善自我。至於那些為了反對而反對的聲音，大可不必太在意，也不需要爭辯。

面對他人對自己的阻撓，你需要分清楚對方是霸凌還是糊塗。有些人以欺負別人為樂，或者總想侵占他人的利益，那就是霸凌。面對霸凌，最重要的不是自己和自己生悶氣，而是主動解決問題。抵抗他們的欺負，自己的抗壓能力就能提高。不過，很多時候是對方糊塗。

例如曾國藩曾經在朝廷中有幾個政敵，為首的叫作倭仁。倭仁是個理學大師，個人修養很深，曾國藩在這方面對他很欽佩。但是其見識狹隘，先是要咸豐皇帝提防漢臣，在朝中屢屢對曾國藩掣肘；後來又反對洋務運動，看不起西學，認為理學才是學問的正統，連開辦天文算學館都反對。

梁啟超評論他是「誤人家國，豈有涯耶」。曾國藩的幕僚趙烈文在《能靜居日記》中記載，曾國藩對倭仁的評價是「才薄識短」。然而，就是這麼一個人，竟然位居宰輔的位置幾十年，成為洋務派最大的政敵。面對倭仁等人的阻礙，曾、左（宗棠）、李（鴻章）等人的做法是，先把事情做起來再說，而不是嘔氣。這三個人各有各的方式，曾國藩隱忍，左宗棠火爆加上我行我素，李鴻章圓滑取巧，但是功夫都用在做事情上，沒有哪個輕言放棄。漸漸地，人們都意識到了洋務的重要性。

先去行動再說

當你在職場上和生活中遇到的很多阻力，就來自像倭仁這樣的糊塗人，他們自己固步自封，也妨礙你的活動。此時，最重要的不是鬧彆扭，而是先去行動。

此外，對於來自他人的阻礙，還需要把握適時的推動力，這種推動力不是什麼時候都有，但是會不時地出現。曾、左、李三人之所以能夠推動洋務運動，在很大程度上，是因為他們把握住一個好時機，即朝廷不得不靠洋務來鞏固政權。而郭子儀也是把掌握住很多良機，使朝廷必須重新起用他。

人的成長和成熟，不僅依靠自身才學和工作能力的提高，還需要戰勝一次又一次的挫折和挑戰。**當一個人能夠扛住壓力，以主動的姿態面對問題，並能夠將被動的局面巧妙扭轉之時，就上了一層台階。再以後，壓力就會逐漸成為動力。**有句俗話說得好，「留得青山在，不怕沒柴燒」。機會總是有的，我們不要因為抗壓能力差，倒在了機會到來之前。

本章重點總覽

- 《深度工作力》的四個練習方法：
  1. 區分淺層工作和深度工作的內容，在不同的狀態、不同時間做不同工作。
  2. 衡量深度工作時所做的事，練習技能的重要性和稀缺性。
  3. 要和你喜歡的人一起工作。
  4. 減少使用電子產品。
- 自律即自由。
- 哲學家康德說：「世界上僅有兩樣東西值得我們深深景仰；一個是我們頭頂上的燦爛星空；另一個是我們內心的崇高的道德法則。」
- 高情商不僅是善於影響他人的能力，其本質是理解自己和別人的能力。

EXECUTION

05

行動力

很多人認為行動力強就是多做事、或延長工作時間，這其實是一個錯誤的想法。絕大部分事情是不需要做的，甚至有些方向看都不要看，以免分心，影響做好該做的事情。因此，懂得該關注什麼、需要對什麼視而不見，是提高行動力的關鍵。我把這種能力稱為「從沙子裡挑出金子」的能力。

23／是挑出金子，還是濾去沙子

行動力的第一要素是效率。這個效率不僅是做事情的效率，更是我們生命的效率。生命的效率，可以大致用這個公式來表述：

生命的效率＝一輩子完成的事情數量×事情的影響力／壽命

需要強調的是，公式中的分母不是具體做事情的時間，而是壽命，是我們一生所擁有的全部時間。如果用具體做事情的時間作分母，那就只能算出局部的效率，而不能算出一生的效率。

一個人如果一輩子做了很多事情，卻都半途而廢，那他的生命效率肯定高不了；如果做的都是雞毛蒜皮的小事情，效率也不能算高；如果做的事情不少，影響力還很大，那效率就很高。

一件大事的作用，可能遠勝過上千件小事的作用。

提高生命效率的智慧

約翰·馮紐曼（John von Neumann）雖然只活了五十三歲，卻在數學、物理學、計算機科學和經濟學方面都有重要貢獻。把上面的公式往他身上一套，就會發現分子非常大，分母非常小，因此他的生命效率特別高。

漢朝名將霍去病只活了二十三年，也僅打了三場仗，但是每一場仗都具有決定性意義。特別是他最後一次遠征漠北，不僅決定了匈奴和漢政權的命運，更為今天中華民族的主體被稱為漢族，而不是秦族、唐族或者宋族做出巨大的貢獻，因此他的生命效率也特別高。反過來，有一個日本人叫中松義郎，他自稱「發明王」，說自己擁有三千二百項發明，可是沒有一項發明對世界產生重要影響，因此他的生命效率比起前面兩位就差遠了。

假定每個人都能夠活到人類的平均年齡——七十至八十歲，這樣在效率公式中，分母就是常數了，剩下的決定因素就是分子。做成一件事情比開始做很多事情重要得多，有頭無尾，成果等於零。而在做成事情中，多做有影響力的事情，少做可有可無的事情，也同樣重要。

要挑金子，無須濾去沙子

至於怎樣才能做好一件事情，這裡是有技巧的。我的總結是，**人這一輩子要挑金子，但不要濾去沙子**。

什麼意思呢？淘金有三種做法，一種是把金礦砂攤到地上，在陽光下把裡面閃光的金子顆粒挑出來；另一種是把沙子過濾出去，這樣剩下的自然都是金子了；還有一種辦法是用水銀分離沙子和金子，這屬於技術問題，在此就不討論了。

但是，第一種做法有一個明顯的缺陷，就是要把大顆粒的金子挑出來不難，但很多細小的金子可能很難被發現，結果就浪費。因此，目前開採金礦的人，更多的是採用第二種方法，把沙子過濾掉，剩下金子。挑出金子和濾去沙子，從本質上講其實是一回事，但卻象徵著不同的做事方法。據我觀察，在生活中，採用第二種方法做事的人比較多，因為他們生怕錯過任何一次機會，擔心某件事沒做好。但同時我也發現，做成大事的人，幾乎都是採用第一種方法。

舉個簡單的例子。幾年前，我開始和專業攝影師一同出去攝影。然而，在選片的時候，專業攝影師都是從一大堆照片中，挑幾張好的出來，而比較業餘的攝影師，通常是刪掉不好的照片，把其餘的都留下，捨不得刪。明明用第一種方法可能會錯過金子，為什麼還要這麼做呢？這就涉及人生目標和成本的問題了。

我在「得到」App專欄《矽谷來信1》中，表達過這樣一個觀點：**對於不可靠的人，不給第二次機會**。後來在很多場合，也談到過這個問題，這其實是人一輩子提高效率最重要的戰略之一。實際上，不僅做事情是這樣，做人，或者說與人交往也是這樣。

今天全世界有七十多億人，但一輩子真正打交道的人，只有幾百個，也就是億分之一到千萬分之一之間。

這是什麼概念呢？還是用淘金來說明。品質比較高的金礦，黃金的含量是百萬分之八到百萬分之十。也就是說，一噸金礦，如果金子和沙子加起來一共有一億粒，那麼其中只有不到一千粒是金子。而一生能結交的人，占全世界人口的比例，要比這個還要小兩三個量級。如果想在一億粒金子和沙子裡，把沙子都濾出去，剩下金子，不要說一粒粒鑑定了，就是一粒粒拿起來只看一眼，都看不完。

想要過好一生，其實不需要識別出所有的好人，只要找到幾個好人就可以了。就像是淘金的時候，選出幾粒大顆的金子即可，不要花時間做無謂的過濾。我們不是要追求找到金子的占比，而是要追求在單位時間內，挑出來的金子最多。

交朋友貴精不在多

關於結交朋友這件事，要想提高效率，一個要點就是讓你的過濾機制更有效，尤其是第一次過濾，標準可以訂高一點。我前面說的「不給不可靠的人第二次機會」，其實就是這個意思。有的人不同意這個觀點，認為把人一棒子打死，不也斷絕了自己交到更多朋友的機會嗎？萬一那個被否定的人，其實是個很好的人呢？萬一某個我原諒的人，後來會成為我的貴人呢？萬一……總之，他們會說很多個「萬一」。

但是你有沒有想過，為什麼我們要去賭那個「萬一」呢？人一旦想到「萬一」這兩個字，用這兩個字來指導自己的行動，就會像前面說的，在淘金的時候，把每一粒沙子都撿起來仔細看。這樣做，效率當然就會變得非常低。

有幾件事，一定不能搞混：

第一，從茫茫人海中找到英才俊傑。

第二，鑑定一個人是好人還是壞人。

第三，結交一些和我們一同走人生道路的人。

這三件事其實完全不一樣。

第一件事其實不是我們的事，而是伯樂要做的事情。開採金礦的人，不能錯過礦砂中一絲一毫的黃金，但交朋友不必如此。

第二件事也不是我們要做的事。說句實話，每個人其實沒有資格評判另一個人的好壞，因此也不必花心思，對遇到的每個人都考察一番，做一個判斷。

第三件事才是我們要做的事情。有的人會覺得，如果自己不給別人第二次機會，就會有罪惡感，其實大可不必。那些沒有從你那裡得到第二次機會的人，並不會因為你沒有選擇他們，就變得悲慘。他們有自己的人生，也許這次錯過，會給他們帶來新的緣分，甚至反倒讓他們遇見自己生命中的貴人。

不要覺得你有能力拯救每一個人，與其把感情花在那些不確定的人身上，不如用心把身邊的人照顧好。更何況，有的人你不給他第二次機會，他反而會變得更好；你給他N次機會，他可能不思改變，總等著第「N＋1」次機會。

如果把花在社交上不必要的時間省下來，就會有更多的精神，關心該關心的人，和他們培養更深厚的感情，這樣彼此交往的效果就增強了，效率也提高了。此時依然可以用本節開頭提到的，那個計算生命效率的公式，來計算與人交往的效率，即：

交往的效率＝交往的人數×交往的效果／壽命

如果一個人和很多人來往，但都是泛泛之交，交往效果幾乎為零，那效率就很低。相反地，和可靠的人打交道，達到同樣的目的，所花的時間和精力會更少，效率也會更高。

生命的效率和交往的效率並非相互獨立，它們之間是有關聯的。我們在人際交往中省下了時間，就能把更多的時間，花在其他該做的事情上。

一旦開始就全力投入

說到生命效率的公式，有一件事還需要提醒大家。有人可能會覺得，既然事情的影響力，比完成事情的數量重要，那是不是所有的小事都不做了，只做所謂的大事就行了呢？其實人能夠完成多大的事情，是需要有相應的能力做基礎的，而能力不是天生擁有，必須從完成點點滴滴的小事培養起來。因此，談到效率，至少有一個前提是要把事情完成，而不是好高鶩遠，那樣只會一事無成。

在做一件事之前，要再三權衡，看看它該不該做、值不值得做，也就是考量效果會如何，還有就是要看條件是否具備。很多事情，即使應該做或者自己很想做，但是條件不具備，也要先暫緩。但是一旦開始做了，就要把事情做完、做好，不能蜻蜓點水，也不能半途而廢。當你可以應付一些小事之後，就可以考慮做中等難度、中等影響力的事情了，這時，很多小事就不要再做了。再往後，就該做一點大事，中等的事情也要少做了。

同樣地，結交良師益友的道理也差不多，不是所有人都值得交往，但是一旦認準一個人，就要花心思去交往。莎士比亞說，「相知有素的朋友，應該用鋼圈箍在你的靈魂上，可是不要對每一個泛泛的新知，濫施你的交情」，說的就是這個道理。

我們的生命是有限的，無論是做事還是與人交往，如果想要提高效率，正確的做法，永遠是從礦砂裡直接撿出大顆的金子，而不是把礦砂裡面的每一粒金子都挑選出來。因此，我從來不擔心自己會失去什麼機會。這個世界上其實有很多機會，就像金礦砂和世界上幾十億的人，多到抓也抓不完。

作為投資人，世界上值得投資的項目，可能有成千上萬個，但我可以很負責地保證，一個投資人一輩子能把握好幾十個項目就遠遠足夠。如果因為害怕失去機會，就把遇到的每一件事都考慮一遍、篩選一下，那效率就太低了。畢竟，對一件事情做判斷和篩選，是要花時間、資源和精力的。如果怕機會溜走而嘗試了太多的事情，那他最後往往會一無所獲。

24／關注什麼就成爲什麼

提高效率的關鍵是專注，而專注的關鍵則是眼睛不要東張西望。

很多年來，總有人問我非常具體的投資問題，因為他們想增加財富。但是對於絕大部分人來說，把注意力放在自己熟悉的工作上，是發財最好的辦法，過多關注資本市場有害無益。如最近一兩年很多人問我，對比特幣的價格波動、對特斯拉市值飆升怎麼看。其實我就算告訴他們，他們也不會去買，只是把這當作和別人聊天的談資罷了。因為他們很清楚，一旦買了，就有可能虧錢，然後就總想著這件事，天天寢食難安。

還有人問我，綠色經濟、元宇宙的概念是否已泡沫化，這其實也和絕大多數人無關。是泡沫，他們不會損失；不是泡沫，他們也沒有投資機會。因此，我通常會反問他們：「你想了解這些事情的目的是什麼？是工作累了想放鬆一下，還是想換職業？」如果是為了輕鬆一下，在女朋友面前吹吹牛，讀讀新聞就夠了，不必太當真。如果是想換職業，那就要慎重。否則，少關注為好。

我有時會半開玩笑地繼續問他們：「你的房貸還清了嗎？」或是「上星期你給自己安排的任務完成了嗎？

因為對無關的事情關心得越多，離自己的主要任務就會越遠。一旦把心思放在這些事情上，做自己本職工作的效率就必然會降低，離財富也就越遠了。

你的關注方向決定時間分配，而你的時間分配決定達成目標的效率。有時候，對於無關的事物，哪怕只是多看一眼，也已經是輸了。

對於各種漫天流傳的新聞，什麼貝佐斯（Jeff Bezos）有多少錢、比爾蓋茲離婚後梅琳達（Melinda Gates）能分多少錢、馬雲被罰了多少款……我們根本不需要關心。

一個人在前進時，打起十二分精神關注前方，還怕有所遺漏，如果四處張望，甚至轉過身去看風景，效率自然就會下降。人性如此，難免貪多，很容易對很多事情過分好奇，但如果屈從這樣的本能，效率就無從談起了。

你能專注多久？

很多人關注的效率，其實只是短時間內的效率，如一小時能做多少事、一天能做多少事，實際上，長時間跨度的效率才更有意義。為什麼這麼說呢？因為一個小時能做的事情，人與人其實相差不大。像學校裡兩小時的考試，即使是最優秀的學生，恐怕至少也需要一小時才能完成。也就是說，最優秀的人只比一般人快一倍而已。但是如果將時間拉長至一個星期，效率的差距就大了。

優秀的人一個星期能做很多事情，其實他們並不比別人擁有更多的時間，只是更專注於自己的任務。家長總說學生的功課太重，但是對於孩子而言，不要說那些花在玩手機的時間，哪怕是忍耐著沒有玩手機而三心二意的時間，也意味著還是有提高效率的潛力。

當你有必須專注的目標時，但還把時間花在消遣閒聊、追星看劇上，這些事情不是不能做，只是既然選擇把注意力轉移到額外的事物，就不要抱怨時間不夠用、效率不夠高。

我前面舉了考試的例子，是因為人在考試時最心無旁鶩。在所有人都專心地面對同一件事的時候，最優秀的人和一般人的效率，也不過相差一倍而已。這其實說明，每個人在效率方面，都有著很大的提升空間。

如果能收起自己的好奇心，把與當前任務無關的事情緩一緩，從提高一天的效率、一周的效率做起，很快就會發現，在長時間範圍裡，絕對能夠比周圍的人效率高很多。提高了效率，及時做完事情，有了閒暇再去環顧四周，這樣既不會迷失方向，又保證勞逸結合。

關注什麼就會成為什麼

專注的重要性，在開會時表現得尤為明顯。很多人討論問題的時候，會不自主地天馬行空，說著說著所有人都離題了。此時如果主持人沒有把話題拉回來，可能開了半天會，也沒有任何結果。如果是我主持會議，不僅會隨時注意發言內容，還會要求固定時間內的討論必須有結果。

我發現到一個現象，越是高層的工作會議，討論的議題越聚焦，開會的效率也越高；而越是一線的、基層的會議，話題越容易發散，開會的效率也越低。照理說，一線的會議通常是討論具體的事務，本該更容易聚焦；而高層會議討論的問題通常比較宏觀，原本更容易發散。但是能夠做到高層的人，都懂得一個道理：討論問題的時候，需要收斂思維，盡可能取得成果。這就是專注力的展現。

理解了專注於一個方向的重要性之後，接下來就是決定選擇何種方向。**當你的目光往什麼地方看，自己就會成為什麼樣的人。**

在我的同學和朋友當中，有一部分人的自身條件、家庭背景和受教育程度都差不多，算是具有可比性的。而這些基礎條件相當的人，後來的發展卻大相逕庭。我發現，這和他們從小到大注視的方向有很大的關係。

比如，我有三位各方面條件都很像的朋友，在此不妨稱他們為A、B和C吧。

A的父親從小就和他說學習要成為頂尖人才，他的眼睛也一直盯著這個方向。後來，他一路考上好學校，最後成為一所知名大學的校長，同時也是通訊領域的專家。

B熱愛讀書，一心一意要當學者，後來雖然遇到一些坎坷，但最終成了美國一所大學名校的教授。

C則滿腦子想的都是經商。雖然他在家人的督促下到國外留學，但最後還是跑回來做起了生意，現在公司做得風生水起。

在他們身邊，還有許多與其條件類似的人，但也許是關注的方向太多，這些人後來的發展都平平無奇，雖然個人生活也不差，卻並沒有做出什麼成績。

我後來和那位學者B在美國相遇，聊到他們這群人走上的不同道路。他說，你從小被什麼人感動，就可能成為什麼人。他從小就為古今中外那些思想上的巨人所感動，一直關注著這個方向，後來自己也成為學者。當然，可能會有人說，上述這些例子，是因為家境優渥，才有條件關注自己感興趣的東西。其實事情並沒有這麼絕對，專注於自己的目標是一種思維方式，並不一定會被家庭條件所限制。

富爸爸與窮爸爸的選擇

暢銷書《富爸爸窮爸爸》（Rich Dad Poor Dad）的作者羅伯特．清崎（Robert T. Kiyosaki），在一次電視訪談中提及他的觀察。他說，同樣是條件不好的家庭，如果遇到需要做某件事卻又沒錢的窘境，通常會有兩種不同的選擇。

第一種選擇是，這個家庭覺得這件事雖然重要，卻是經濟條件不支持的，於是就此放棄。

第二種選擇是，這個家庭看到這件事確實很有價值、很重要，於是改變自己的生活方式，想方設法把這件事做成。

清崎說，這就是窮爸爸和富爸爸的區別。如果用我們這一節講的「關注點」來看，前者是把關注點放在家庭條件上，因為家庭條件不支持，所以這件事做不了；後者則是把關注點放在要做的事情上，因為這件事很重要，所以我們要想辦法做成它。

遺憾的是，在生活中，人們往往會忍不住看自己的四周，然後覺得別人有的東西我也得有，我已經有的生活不能改變。如果抱著這樣的想法，那當然無法改變自己的人生。

清崎舉了一個例子。每到耶誕節之前，美國的慈善機構都會到一些低收入家庭孩子比較多的學校，蒐集他們對耶誕禮物的期望。他發現，有些人想要的禮物，確實是自己急需的，如學習用具；有些人則是因為別的同學有，所以自己也想要，如香水、指甲油或者玩具等。

不同的人關注不同的事，而不同的關注點，最終也為他們帶來了不同的人生。

從提高效率的角度而言，清崎無疑是對的。很多事情都是這樣，別人做了，不等於你要做；習慣於做某件事，也並不成為必須做這件事的理由。像快下班時和同事們的閒聊、沒有必要的應酬、群組裡的購物指南、離自己很遠的花邊新聞或者街頭小事……如果這些事情和當前的任務沒有關係，就不值得去關注。

清崎在他的書裡和各種公開演講中，經常講到兩個概念——「資產」和「債務」。清崎說，很多是覺得是資產的東西，實際上是債務。如那些用不著卻還要花精力保養的東西、離生活太遠的「天下大事」、需要很多時間維護的遊戲帳號……這些都可能是債務，而不是資產。更進一步講，甚至有些你花了時間學習，卻不知道要用來做什麼的技能，也可能是債務。

專注之後更有餘裕享受人生

當然，專注於一個方向，並不能確保人生就必然成功。如果選擇了錯誤的方向，也可能會失敗。但是，如果三百六十度的方向都想看，不停地換道路或者原地打轉，基本上就沒有成功的可能。

也許有人會說，為什麼要一味追求效率，慢慢來看一看四周的風景不也很好嗎？這個想法或許沒錯，但已經離題，還把追求效率和看風景形成對立面。實際上，恰恰是那些真正有效率的人，早早完成自己的任務，才會有時間慢下來，認真欣賞周圍的風景。

結合上一節的內容，我們不妨把提高效率的方法總結為四個要點：

第一，無論是結交朋友還是做事，不必求全貪多，挑選出部分確實值得的人和事就可以。

第二，對這種挑選的做法，不必有愧疚感。

第三，更重要的是較長時間周期內的效率，而不是三十分鐘或者兩個小時的效率。提高效率的祕訣在於，把更多的時間花在重要的事情上，不要在做事情的時候，對那些可有可無的事物左顧右盼。

第四，眼睛往哪裡看，被什麼樣的人所感動，自己就會成為什麼樣的人。

25／生命中那些不重要的事

在做到長期專注之前，需要知道生命中的事情，哪些重要、哪些不重要。說起重要的事情，你可能會列舉出愛情、友誼、健康等。它們的確非常重要。失去它們，生活就沒有意義。但是，如果一定要說出生命中那些不重要的事情，你就遲疑了，因為很多事情你都想做，放掉哪個都捨不得。

為此，我根據美國多家調查機構，對於「生命中那些不重要的事情」的調查結果，總結出七件不重要的事，又補充了兩件我認為不重要的事，供你參考。如果你發現它們對你來說也不重要，就可以把它們從你關注或者花錢的清單上刪掉。

可以刪除關注的事物

第一件事，購物。

很多人都喜歡購物，特別是買衣服。但是，調查顯示，絕大部分人買了當時覺得好看的衣服之後，又發現其實沒什麼用，既不能幫助自己提高成績，也無法讓自己獲得工作上的晉升。這個結果就很矛盾了，一方面覺得衣服不重要，另一方面又忍不住要買。不只是衣服，很多人發覺，自己買的東西大部分都不是真正需要的。而這些東西，要嘛占地方，要嘛會腐爛變質，最後只能被扔掉。

遏制自己不必要的消費欲望其實很簡單。如果你還有房貸，我推薦一個方法：當你想買其實不太需要的東西時，就在記事本上寫下已購買這件商品，然後把與商品價格等額的一筆錢，用現金的方式放到存錢筒中；如果不經常用現金，也可以存到電子錢包裡。每存夠一千元，就去額外地多還一筆房貸。這樣你會發現，不僅房貸能更早還清，還能多出一筆資產。

第二件事，外食。

先和大家分享一組數據，美國一個家庭每年在餐廳吃飯，大約要花掉三千美元，占他們稅前收入的百分之五，這還不包括在麥當勞或者其他速食店的支出。要知道，美國的個人所得稅，大約占稅前收入的百分之二十，房貸占稅前收入的百分之四十左右，也就是說，剩下可支配的錢，只占稅前收入的百分之四十左右。因此，在餐廳花掉的錢，其實是他們可支配收入裡很大的一部分，占了百分之十二點五。而且，美國一個家庭每年正常的食物開銷，大約是四千六百美元，兩項加起來，就占掉可支配收入的三成以上。

二〇二一至二〇二二年度，美國的個人存款只有一．二五萬億美元，可是以全美國一．二八億個家庭平均下來，只有不到一萬美元。如果能把花在餐廳的錢省一些出來，很多家庭的生活就會得到改善。

雖然引用的是美國的數據，但是其他國家在外食的花費也不少。外食既花錢，又不健康，人們常常是吃的時候很高興，吃完了又後悔，但是下次還會去吃。我個人認為，偶爾吃一吃，特別是品嘗一下自己家不常做的精緻食物也挺好，但天天下館子實在沒必要。如果吃飯是為了談工作，或許可以嘗試某些更健康的方式，如簡單的下午茶之類。

第三件事，談論八卦。

儘管大家工作都很忙，但公司裡總有一些人，會三三兩兩地聚在一起聊天，一聊就是一個多小時。朋友之間聊天本來是一件好事情，但如果只聊八卦，不僅浪費時間，而且會產生危害，因為它很可能會毀掉同事關係、朋友情誼甚至是婚姻。

一個人如果被貼上愛聊八卦的標籤，他的個人名聲和職業聲譽很可能都會受到影響。別看大家當面不說，但內心裡會不信任他，因為人們怕這個傢伙也會八卦他們的事情。時間一長，大家就會對他抱有戒心。如果你是領導者就會發現，團隊中那些愛聊八卦的人，遲早會影響團隊成員之間的關係，最後還會殃及工作。

如果不小心成為別人八卦的焦點，情況就更不妙了。因為他很可能會覺得自己被羞辱，甚至自尊心和自信心也會受影響。嚴重者還會變得憂鬱、焦慮，甚至產生自殺的念頭。

第四件事，社群媒體。

大家都開始意識到社群媒體的負面作用了，因此這裡就不展開討論，我只強調一點——一個人所擁有的朋友數量，特別是社群媒體上的朋友數量，並不是那麼重要。

第五件事，新聞資訊。

新聞一直是媒體上最吸引人的部分。過去我們總認為，要了解天下事，必須看新聞，這確實也成為大家的生活習慣。你可能會奇怪，為什麼新聞資訊也被列在不重要事情的清單中？這是因為如今的新聞量已經嚴重超載，我們每天要花很多時間讀它們。但如果靜下心來想想就會發現，一個月前關注的那些新聞，絕大部分對你的生活沒什麼影響。有時間看很多新聞，還不如把時間花在做自己的事情上。

第六件事，別人對自己的看法。

很多人非常在意別人對自己的看法，但這會讓自己生活在別人的陰影中，一輩子都活不出自己的樣子。

其實，人類並不是天生就如此，它是從小到大受教育的結果——在意別人的看法，會讓我們覺得安全，也符合自身的利益。如果被別人當成另類，不管那些人的看法對不對，都會沒有安全感。相反地，如果那些人不覺得我們格格不入、與眾不同，我們就會放下心來。

從別人那裡獲得對自己的回饋，當然是有益的，畢竟人不能時時刻刻客觀地看待自己。

但是，過分在意別人對自己的看法，就沒必要了。這不僅會讓自己做事綁手綁腳，還會分散自身的注意力，甚至導致該做的事情做不好。

很多人還沒開始做事就想東想西，說我這麼做，別人會怎麼看，這樣就無法專注於做事本身了。

此外，太在意別人看法的人，還經常會疑神疑鬼，擔心別人有什麼想法，而很多時候，別人根本就沒有什麼想法。

我有一位朋友，一步入職場，就買了輛新的日本車，一直開得挺高興的。有一天，他跑來問我，對於低檔一點的德國ABB（註5-1）汽車怎麼看。我說你這車開了還不到兩年，怎麼就要換？原來，他交了一個女朋友，對方問了他一句「你為什麼買日本車？」他就開始疑神疑鬼，怕人家不喜歡他，或者有什麼別的想法。

註

5-1 奧迪（Audi）、寶馬（BMW）和賓士（Benz）的簡稱。

我覺得他可能想太多了。後來在一起吃飯時，我問了那個女生，她都不記得自己問過這個問題了，估計當時就是好奇問一下而已，我這位朋友顯然在胡思亂想。

那什麼時候應該在意別人的看法，什麼時候可以忽略呢？比較妥當的做法是把握以下兩個原則：

其一，別人提出很正式的意見和評價給自己，如工作的建議、給自己的評語，或者對你提交的工作內容之回饋，這些都應該認真聆聽，好好自查。

其二，如果評價內容涉及個人的喜好，那就不要太在意。如有的人喜歡國產車，有的人喜歡德國車，如果你買了輛日本車，這幾個朋友可能會和你嘮叨半天，這種看法就不用太在意了。

第七件事，過度思考和總想讓自己正確。

三思而後行是好的，但是三思之後不行動就有問題了。

很多人想事情會過度思考，也就是想多了，更有甚者會「鑽牛角尖」。這不僅浪費時間，還會讓我們非常累，時間一長，也有礙健康。你可以嘗試隔幾個月，回過頭來看那些你曾經過度思考的事情。你會發現，當初那些思考很可能都是沒用的。

為什麼會過度思考呢？一個重要原因就是，我們總認為自己會因為做錯什麼事，而錯過更好的選擇。其實啊，不管你多麼努力，都會犯錯。犯了錯，就改正，水準提高了，下次不再犯就好，不必執著於錯誤本身。

少犯錯誤的關鍵不是怕出錯，而是增長見識和提高水準，循規蹈矩地做事。一味地想要保持正確，很可能會掩蓋自己的錯誤，這樣危害就更大了。明白自己不可能永遠正確，其實是給自己減少負擔，這樣才能行動更快，做得更好。

接下來的兩件事情是我總結的，或許對大家也有點參考價值。

第八件事，買東西時，花過多的時間去挑選。

那些生活中經常使用且不貴重的物品，我建議不要花過多的時間去挑選，能用就好。

有些人會花很多時間挑面紙的牌子、手機外殼的顏色和圖案、充電線的顏色、棒球帽的標幟，以及手機的鈴聲等。這些真的不重要，有什麼用什麼，什麼方便用什麼就好。

大家肯定聽說過，賈伯斯和祖克柏買了一大堆同一款式的衣服，每天隨手拿起一件套在身上，不花時間思考穿什麼。同理，對於一些不太重要的服務，經常使用同一家的就好，畢竟切換是有成本的。

當然，有些女生愛美，她們從社交禮儀和職場禮儀的角度出發，認為每天出門的裝扮應該不一樣，這種想法也不錯，但我建議不要在這上面花太多時間。我認識一位女性朋友，她收入頗豐，既想每天有不一樣的搭配，又覺得太耗時，就買了四十多雙像菲拉格慕（Salvatore Ferragamo）、古馳（Gucci）或者范倫鐵諾（Valentino）等品牌的鞋子，每天出門時，隨機挑一雙穿了就走。

要知道，小事情實在太多了，能少花點心思就少花一點。

第九件事，對明天的擔心。

很多人遇到第二天要報告結果，前一天就開始坐立不安，甚至沒有心思工作。這樣只會讓損失一整天的時間。這種情況下，明天的煩心事，最好明天再去操心。因為不管你有多麼擔心，明天總會到來。

如果真有壞消息等著你，你也總得面對。實際上，還未發生的事情，如明天的考試，做好準備比瞎擔心更有用。而那些已經發生的，明天才知道結果的事情，如考試成績，再怎麼擔心也無法改變結果，還不如靜下心來，做好自己手上的事情。

這個世界上的很多事情，我們事後才會覺得不重要，但當我們身在其中時，卻會因為過度關注它們，而活得很辛苦。甚至，可能會因為不夠專注真正重要的事情，而失去原本應該得到的東西。

所謂「活得瀟灑」，其實就是把那些不重要的事情，從平常的生活中刪掉而已。

26／你都把時間花在哪些事情上

俗話說，一寸光陰一寸金。我們把時間花到哪裡，就等於把金子丟在哪裡。這一節就來聊一下，大家究竟把時間花在哪些事情上。

二〇一九年時，我看過一個創業方案。這個手機軟體可以自動記錄和分析使用者每天線上和線下花的時間，姑且簡單地把這個軟體叫作時間軟體。

透過和時間軟體創始人的交流，我了解到一些關於大眾時間花費的統計資訊。我把這些資訊做了總結，又查閱美國統計局的資料作為對照和驗證，發現還蠻有意思的，並且對如何有效利用時間，也有了新的參考依據。

先來看看，從上述管道得到的一些有趣資料。當然，這些資料主要來自美國使用者，每個國家的資料會略有差別。

首先，美國人每天花在睡眠、家務和吃飯的時間，占了二十四小時的一半。每天花在睡眠上的時間，平均是七．五小時。當然，這個軟體統計的睡眠時間，是不管有沒有睡著，只要躺下就算。在家務和吃飯方面，平均下來大約是每天四小時，其中做飯和收拾碗筷的時間是一小時左右，吃飯時間約一個多小時。在周末，吃飯的時間會增加到一小時二十分鐘，做飯的時間也略有增加。

在幾十年前，還沒有微波爐、烤箱、洗碗機和瓦斯爐，特別是半成品食物還不普及，做飯的時間比現在要多出一倍。可見，社會的發展和科技進步，的確節省不少時間。

從這些資料也可以知道，如果自己不開伙，天天在外面用餐，那麼等餐、吃飯和路上花的時間，超過了每天平均兩小時就不划算了。

這些是花在生活上的時間，那花在工作上的時間如何呢？在美國，包括通勤時間，大部分人花在工作上的時間，每天超過十小時。這樣一算，花在睡覺、家務和吃飯時間十二小時，工作扣掉十小時，一天剩下的時間不超過兩小時（請先記住「兩小時」這個數字）。這樣一來，真的想做點其他事情，通常就只能利用周末了。這是美國人的概況。

每天花在手機的時間

但接下來的資訊就比較有意思了。以前述這些資料為基礎，每個人在手機上花的時間，平均每天是四小時，包括周末。

如果把睡覺、吃飯和做家務的時間扣除掉，在剩下的時間裡，人們有三分之一的周末時間都花在手機上。當然，一部分是和工作、學習的時間重疊。但是以現來說，我們使用手機的時間，有多大比例是用在工作和學習呢？

據資料顯示，花在手機上約有兩小時四十分鐘是用在社群媒體上，包括聊天軟體、社交平台等，檢查和回覆郵件並不包括在內。這裡也要補充一句，四小時的手機使用時間，是指使用螢幕的時間。運動的時候聽音樂，或者聽線上課程的時間都不算，因此實際上，每個人每天使用手機的時間，應該不只四小時。

但這個時間軟體的統計準不準確呢？我又查詢了一個專業調查的結果作對比。根據網路運營商資訊整合網站「寬頻搜索」（broadbandsearch.net）所做的調查，二〇一九年美國人花在社群媒體上的時間，是每天平均一百五十三分鐘，也就是超過兩個半小時。考慮到現在絕大部分人，都是透過手機來使用社群媒體的，這個資料和時間軟體的統計結果，幾乎完全一致。

而就在二〇一二年，人們花在社群媒體上的時間，還只有每天一．五小時。如果再進一步細分，在社群媒體上花費的時間，有超過一半是在聊天、三分之一在觀看視頻、不到六分之一在分享圖片和自己的短視頻上，大約只有百分之五花在推特和或新聞的媒體上。

我常常建議一些人在工作時扔掉手機。但大部分會說扔不掉，因為工作離不開手機。事實上，就算所有的聊天都是和工作有關，至少看視頻和分享照片、短視頻的那些時間，是可以省下來的，這也占到了一個多小時。

即使是在用手機和朋友溝通互動，一般也只有百分之十至二十的時間在進行必要的交流，包括與工作有關和比較重要的事情，平均下來也就是每天十來分鐘，剩下的時間，大都是在閱讀轉發的文章和社會評論等。

相比花在手機上，人們花在電腦上的時間，平均下來每天只有二．五小時，而且這個資料裡，還包括那些每天必須要在電腦前，坐上七八個小時的工程師。從這個數據來看，已經有很多人不怎麼用電腦了。

如果能將花在手機上的時間減少一半，從四小時變成兩小時，就能讓自己的自由時間增加一倍。想學點東西，提升一下技能，基本上是一年可以當兩年用。

順便提供一個資料，二〇一九年美國統計局的調查顯示，十五至四十四歲的人每天花在讀書、看報和瀏覽雜誌上的時間，只有十分鐘，幾乎可以忽略不計。不過七十五歲以上的退休人員，花在這方面的時間達到四十五分鐘。

在工作之餘，比較健康的一項活動是健身。但是從統計資料來看，美國人每周花在健身上的時間，只有三小時左右，平均一天還不到半小時。如果把體力工作、走路，以及運動前後的熱身和拉伸時間也算成鍛鍊，那麼一周鍛鍊的時間就增加到大約十一小時，平均每天不到兩小時。也就是說，現代人一天中的大部分時間，都是不怎麼活動的，而且多半是坐著或者躺著。這對健康的傷害很大。

在工作方面，有一個統計資料讓我感到很意外——大約有三成的美國人，下班時間還要工作。我特地查詢美國統計局的資料，發現官方說法是四分之一的人，數據相差不大。也就是說，大家都覺得工作並不勤奮的美國人，至少也有四分之一的人是需要下班之後額外工作的，而且這個資料的分母裡，還包括那些肯定不需要下班之後工作的人，如服務業和製造業的一線從業人員。

美國統計局還有一個資料，受過大學教育的人，平均每天的工作時間是八．五小時，超過全美七．六小時的平均值。也就是說，如果受教育程度比較高，是白領階級，工作時間多一些也是正常的。因為這些資料都屬於二〇一九年，所以其中沒有疫情影響的因素。

那在每天工作時，又是如何分配時間呢？數據表明，大部分人到辦公室之後，做的第一件事是看郵件和使用社群媒體回覆訊息。這種工作方式好不好，見仁見智。更值得注意的是，在接下來的一天中，絕大部分人都會不時發送郵件和訊息，只有少數人會固定時間。也就是說，大多數人一天的工作時間是瑣碎的，不斷被郵件和訊息打斷。

用十五分鐘做關鍵小事

二〇一九年底得到這些資料後，我在兩次和朋友聚會時，都聊到這個話題，也稍微去了解這些朋友的工作時間分配情形。先說明一下，這些人大多已經不在一線工作了，而是公司的管理階層、大學教授、投資人以及一些專業人士。他們通常會被看作職涯發展比較順遂的人，在此將其當作對照組。

有點出乎我意料的是，這個對照組中的人，每天花時間的方式，與前面說的那些平均數據，其實沒有太大的差異。譬如，他們每天讀書的時間並沒有更長。當然，大學教授會花很多時間讀論文，但這屬於他們的工作，一般不能被算在讀書活動裡。

比較明顯的差異在哪裡呢？主要有兩點。

第一，他們每天工作的時間更長，會增加到十二小時左右，比平均數據多出兩個小時，不過他們的通勤時間比平均數據要少。

第二，他們每周鍛鍊的時間更長。大部分人都能夠保證平均每天鍛鍊一小時，裡面包括熱身的時間。相比之下，他們看手機螢幕的時間則短一些，比平均數據少大約一小時。至於做家務和吃飯的時間，雖然相對少一點，但其實和平均數據差不多。

另外，這些人大部分都沒有 Facebook（臉書）（註 5-2）帳號，或者早已忘了帳號密碼。也就是說，即便是全世界最流行的社群媒體，從來不使用它也絲毫不影響一個人的事業成功。

總結來說，那些職涯發展比較順遂的人，每天在時間管理上和普通人的差異，其實就是兩小時左右。換句話說，如果能透過時間管理，改變一些生活習慣，以更有成效、更有創造力的方式，來使用這兩個小時，生活可能就會發生很大的改變。

我曾經讀過一本書，裡面有一個很容易實行的好建議：每天花四個十五分鐘做四件小事，一年後的你會和現在完全不同。很遺憾這本書的名字我想不起來了，不過書中舉的幾個例子，我都記在筆記本中：

註

5-2　已於 2021 年更名為「Meta」（元）。

*每天花十五分鐘學一門外語；
*每天花十五分鐘寫日記；
*每天花十五分鐘讀五頁書；
*每天花十五分鐘打理花園、養花種草；
*每天花十五分鐘和孩子聊天；
*每天花十五分鐘冥想或者練瑜伽。

這些小事各不相同，但都有一個特點，就是很容易積少成多。這一類小事肯定還能想出很多，不論是哪一種，早一天去做，就早一天看到效果。

27／如何在時間管理中做到止損

說到時間管理，人們通常想到的，是爭取每天多做一點事情。這當然沒有錯，但是，一天能做的事情總是有限。要把已經開始的事情都做完，而且保證品質，重要的並不是做加法，而是用減法，捨棄一些原本不想做的事情。

關於該捨棄什麼，日本暢銷書作家山下英子在《斷捨離》一書中，提供一個很清晰的原則：**想過什麼樣的生活，就保留相應的東西，放棄那些和心目中的生活無關的雜物，因為實際上並不需要它們。**做事情也是一樣，問問自己的目標是什麼，一個人不可能東西南北所有方位都是目標，否則肯定會寸步難行，更談不上有任何進步，和目標沒有關係的事，就應該透過減法捨棄掉。

不過，有些時候，僅僅放棄某些事情還不夠，還必須停止一些已經開始做的事情，或者說在時間上止損。

及時止損

什麼是止損呢？我們通常認為，如果發現做錯事或者難度太高無法完成，應當及時放棄。從表面上看，放棄會讓之前的付出變成損失，這是很多人不願意放棄的原因。但是，換個角度想，在這種情況下，放棄其實可以減少進一步的損失，實際就是止損，更何況止損通常是接下來「反敗為勝」的第一步。要理解這一點，不妨來看一個生活中很具體的例子。你可以想一想，如果你遇到類似的情況，會怎麼做。

某天，臨近下班的時候，你開始規劃下班之後要做的事。首先是到銀行辦事，排隊和辦事的時間加在一起，大概要花半小時，然後回家；回家的路上，要到超市買今天晚飯要吃的熟食和明天的早餐；晚飯時間大約是七點，七點半之後，孩子開始看書、寫功課，十點上床睡覺。

這樣規劃下來，你決定四點半到銀行，五點開始往家裡走。結果在銀行等了二十分鐘，排在你前面的顧客都還沒辦完，繼續等下去，大概要五點十分才能把事情了結，這時該怎麼辦？

大部分人會想，今天不能白來，要不明天還得跑一趟。假設你選擇多等一會，最後五點十分辦完事情，比預計的時間只晚了十分鐘。但是，由於回家時交通尖峰已經到來，你到超市的時間比預計晚了二十分鐘。趕上了下班高峰期，超市的人也比預想的多，於是在超市你又多花了十五分鐘。離開超市時，已經比最初預計的時間晚了三十五分鐘，而且這時，路上也塞得更厲害了。

本來預計六點五十分可以到家，結果到七點家人還沒看到你的影子，於是太太打電話來詢問你到哪裡了。明明還需要四十分鐘才能到家，但是因為怕太太埋怨，就說再有一刻鐘，也就是七點十五分就能到家了。太太想，既然只晚了一刻鐘，那就再等等吧。

最後，你七點四十分回到家了，全家人都在等你吃飯，孩子等不及，沒吃飯就在寫功課了。太太開始埋怨你，你也覺得挺委屈。

這頓晚飯不會吃得很愉快，而且因為吃飯晚了，孩子上床睡覺的時間也就耽誤了。本來規劃得好好的一個晚上，因為最初十分鐘的小失誤，全家都不愉快。

你聽完這個情境故事有什麼感受，會不會覺得很熟悉？我自己也遇到過類似的窘境。面對這種情形，到底該怎麼辦？

我的辦法是，一看銀行業務無法按時完成，就及時止損，去做下一件事情，明天再去銀行。當然，有人可能會說，明天還有明天的事情。這時，就遵守一個原則：要嘛刪掉明天的某一件事情，要嘛在事前就應該刪掉今天的某一件事情，以確保去銀行辦事有足夠的時間。或者還有一個選擇，就是仍然在銀行把事情辦完，但直接打電話給太太，說自己來不及去超市買東西了，晚飯做點別的吃。

我在《見識》一書中強調，做任何事，最後的五分鐘都不是自己的。如果秉持這個原則，就不會在做事的時候，依賴最後的五分鐘，這樣也不至於造成連鎖性的延誤。如果某件事脫離了軌道，及時止損就不會滿盤皆輸。而且及時止損，為後續的環節創造了良好的條件，其實是有助於我們做到反敗為勝的。

我過去管理部門時，每到季末都要和不少部屬面談，這一天通常會安排得很滿。原本預計半小時能和一個人談完，但常常會拖，一開始拖個五分鐘、十分鐘，幾個人談下來，就拖出和一個人面談的時間了。而此時，後面的人也不敢做什麼重要的事情，只能等著。

遇到這種情況，我通常會通知祕書，取消中間一個面談，直接進入下一個，這樣就不至於耽擱一連串的面談。有些人也許會想，後面可以談短一點，把時間趕上來，但其實是做不到的。因為趕時間必然意味著會犧牲品質。當然，也可以事先留五分鐘的彈性時間。

對於時間，很多人會覺得上午的一小時和晚上的一小時，或者明天的一小時，都是一小時。前面耽誤的時間，後面可以補回來。這有點類似於「絕對時間觀」。科學革命早期，伽利略、牛頓等人所宣導的，就是一種「絕對時間觀」。但後來，另一些學者，包括萊布尼茲、哥德爾和愛因斯坦，提出了新的時間觀，即「相對時間觀」。

什麼是「相對時間觀」呢？就是認為時間，不過是一些因果關係鏈上，先後發生事件的次序。在這種觀念下，前面一件事情發生變化了，後面整個進程都會被改變。這其實很符合我們生活中的某些情形，比如前面講的那個情境故事。

因此，為了不讓一件被耽擱的事情，毀掉一天的安排，甚至好幾天的安排，止損是必需的。能做到及時停止那些在規定時間內，無法完成的事情，是時間管理的基本要求。世界上最糟糕的時間管理方式，是動不動就說「再三分鐘，馬上就結束了」，這種做法的結果，往往是一拖再拖，最終把各種事情全搞砸。

需要B計畫

當然，是否要止損也是需要權衡的，要把這種做法放在恰當的事情上。一個人如果三天兩頭，在時間管理上止損，就需要問問自己，為什麼總是把事情安排得那麼糟糕了，同時要想辦法，少讓自己陷入這種尷尬的境地。想好備案，也就是B計畫，是一種有效的辦法。

還是前面那個例子，如果是我會怎麼做？我會早十五分鐘到銀行。當然，早到銀行，可能回到家的時間也會比預計的早，此時我就只當自己是按時回家，在家繼續工作二十分鐘，再和家人打招呼。如果在銀行的等候時間超出預期，我會打開筆電做一點工作。如果今天一定要去銀行處理業務，而我又不可能早到銀行，那麼去超市這件事就需要有B計畫，如提前和家人說好，假使來不及買東西我會直接回家，晚飯就考慮吃別的。

我有時下午會去接孩子，如果卡到孩子放學的時間去，可能會因為在路上堵車而遲到。

倘若我早五分鐘出來，路況良好，路上可以省下十分鐘，這樣會早到十五分鐘。那這十五分鐘做什麼呢？我通常會帶一本書去讀，或者帶電腦去寫作。如果路況比平時差，早出來五分鐘也不至於遲到。

B計畫讓我們永遠不會因為無所事事而浪費時間。當預先準備B計畫成為生活習慣時，時間就節省下來。

減少時間的瑣碎化

此外，要想提高時間利用率，就要儘量減少時間的瑣碎化。很多人覺得，在有手機之前，難以利用瑣碎的時間，有了手機，這個問題就解決了。事實恰恰相反，正是因為有了手機，能運用的時間才變得更加瑣碎。

二〇二〇年全球新冠肺炎疫情爆發後，很多人都曾經有相當長的時間在家辦公。不少朋友坦言，在家的辦公效率，還是不如辦公室高。我聽了大家描述的情況，發現效率不高的原因之一，是因為在家裡很容易被一些事情打斷。

每個人進入工作狀態，都需要一定的時間。像解決工程或者管理問題，進入狀態可能需要十分鐘；閱讀，可能需要兩分鐘；思考科學問題，可能需要三十分鐘。如果剛剛進入狀態就被打斷，前面「預熱」的時間就白費了，等一下還要重新「熱機」。如果每小時低頭看五六次手機，往往就需要反覆「預熱」，很難深入思考，做事的效率也會大打折扣。

除了手機，其實還有另一種習慣，也會讓時間變得瑣碎，就是在做這件事時想另一件事。如上班時想家裡的事，回到家做個人的事時，又在想工作的問題。當頭腦在兩種事情中來回切換時，即使手上還是在做同一件事情，也已經不自覺地將時間瑣碎化了，效率當然隨之降低。

在時間管理方面，只要做到減法、及時止損、準備好B計畫、減少瑣碎時間這四點，就會比周圍的人做事更高效。當然，凡事說起來容易做起來難，要成為善於管理時間的人，不妨從培養小習慣開始，只要稍做改變，生活就會不一樣。例如，做事情的時候把手機放遠點；告訴自己，到了公司就不要想家裡的事了；在家裡就好好生活，不要為明天上班後的工作煩惱。

我們不可能將一天的時間增加一分鐘，但可以改變使用每一分鐘的方式，日積月累，效果就很明顯。

28／如何快速學習新技能

現代人一輩子都需要不斷學習新技能。這是一件不輕鬆的事情，卻也是一個新的機會。

過去，在年輕時學會一項技能，大概可以一輩子靠此吃飯。這固然一勞永逸，但也讓人失去獲得更好機會的可能性。如今有機會嘗試去做不同的事情，尋找適合自己的工作，但條件是要一輩子不斷學習，而每個人都會希望學習的過程短一點、進步的速度快一點。

說到對技能的學習，你可能會先想到著名的「一萬小時定律」——要成為某個領域的專家，需要一萬小時以上的練習。

但在實際生活中，你更常遇到的情況，是如何快速掌握一項新技能。萬事起頭難，學習新東西最難的，是從完全不會到可以上手這個階段，度過了這個艱難時期，後面的過程就會順利很多。有的人學習新東西總是比較快，接觸一項新技能，一兩周就可以投入實戰，而有的人學了一年多還沒入門，這時差距就顯示出來了。

通常，簡單的技能，如開車、游泳，上手應該都不會太慢，如果太慢，那說明學習的方法不對。我記得我們這些留學生，當年在美國學車考駕照，也就是兩三個同學周末合租一輛車，練習一兩個周末，然後就去考駕照了。之所以能夠很快通過，是因為開車最關鍵的技巧，如路邊停車、在很窄的空間U形轉彎，都被教練們總結成簡單的操作步驟，初學者只要記住這些要點，就能順利開起車來。

當然，這樣拿到駕照後不能立刻開車上路，還需要練習大約一萬英里（約一萬六千公里）之後，才能應付各種路況。但是在最開始的時候，基本上有十幾個小時的駕駛時間，就能知道開車是怎麼一回事，算得上基本學會了。這之後自己可以透過練習進一步提升。當然，如果想再掌握賽道駕車的技能，可能還要再找教練學習，而不能靠自己摸索。

快速學習新技能五要點

要想快速掌握一項技能，具體有哪些方法呢？我總結自己學習新知識和掌握新技能的五個要點，或許對你有參考價值。

要點一：先做功課

要點一，也是最重要的，就是在開始之前，先做好研究功課。在完成研究之後，需要回答以下三個問題。

第一個問題是重點，但是很多人往往會直接略過，它就是：**你是否真的要學這樣東西？**

很多人告訴我想學高爾夫球，我常常問他們：「你學這個的目的是什麼？如果你是覺得打高爾夫球能顯得高大上，那就算了，因為半吊子的水準和高大上根本扯不上邊」。有人說是為了鍛鍊身體，呼吸新鮮空氣。如果只是這個目的，那到森林公園走走路成本更低，效果更好。

還有人說是為了交際，這個理由可以成立。但是你的目的如果在此，之後的行動就要落實。如打完球和朋友一起吃個午飯，溝通一下感情。倘若你覺得沒有時間做這些事情，打完球匆匆就走，那還不如換一種方式溝通感情。

不少人覺得讓孩子學程式設計是一種時尚，如果不讓小朋友學奧數（奧林匹克數學），總要讓他們學點什麼吧，不如就學程式設計。但同樣的道理，先問一問自己，讓孩子學程式設計的目的究竟是什麼。如果你是經過具體的研究，了解到學程式設計能夠有思維訓練和邏輯訓練的效果，那這是一個好理由，在接下來的學習中，也應該以此為目標。

但是，如果你只是聽說同事家的孩子，因為程式設計水準高，被某所好學校錄取了，所以也想讓自己的孩子學程式設計，那最好進一步了解一下：那個孩子花了多少時間才達到這個水準？自己家孩子有沒有這麼多時間和精力可以投入？

我自己和孩子在成長的過程中，都曾經在進行一番研究和篩選後，放棄了至少一半原本打算嘗試的興趣愛好。人都有一個弱點，就是三分鐘熱度。開始的時候鬥志滿滿，遇到一點麻煩就退縮。因此，如果沒有想好就開始，最後半途而廢，那還不如不要開始。

第二個問題是：你要怎麼學？

通常的辦法無非是找人教，或者透過影片、看書自學。如果找人教，又有多種選擇：是找朋友教，還是去大班上課，抑或是請老師一對一？這些事都要在先期研究時弄清楚。但根據我的經驗，但凡能找老師的，一定要找老師，不要自學，也不要為了省錢而讓朋友教。而且，最好是找一個有經驗的老師，此時朋友的推薦，常常比網路上的廣告或者推銷更可靠。

以學開車為例。很多留學生到了美國，為了省錢，也貪圖方便，就讓同學教自己開車。雖然學開車不是一件難事，但如果一開始的老師沒選好，就會養成一堆不良的駕駛習慣，以後改都改不過來。

第三個問題是：學習這項技能的成本究竟有多高？你需考量的包括時間成本，也包括經濟成本。有很多技能，學習和實踐起來的隱藏成本，其實遠高於原本的想像，這也是先期調查時，要重點了解的。

很多人學東西學不下去，不完全是因為沒有時間，也有可能是後來發現學習成本非常高，而不得不放棄。比如，很多人想學攝影，覺得最大的花費，無非是買相機，而今天買一套成像還不錯的單眼相機，可能也花不了一萬塊錢。但是，如果考慮到每次去野外攝影的經濟成本、回家後處理照片的時間成本，甚至為了拍出一些特效，而要購買的配件成本，就會發現學攝影其實非常貴。

如果以上三個問題都調查清楚了，你依然決定要學，那就要進入學習的步驟了。

要點二：及時請教老師

要點二，就是在學習中遇到困難，一定要及時請教老師，不要自己瞎琢磨。對於一項新技能，我們是門外漢，自己研究一小時，可能抵不上老師指點兩分鐘。即便自己沒有遇到困難，練習一段時間後，也需要請老師給出一些建議和回饋。

很多人覺得自己是新手，怕別人笑話，覺得要一個人悶頭練習到能拿得出手，才敢「見公婆」。其實，醜媳婦越早見公婆，越容易發現問題所在，越能及早改正，進步也就越快。

要點三：拆解步驟

把一個複雜技能的學習過程，拆解成幾個相對簡單的步驟，不要「眉毛鬍子一把抓」。

在拆解步驟的過程中，要用理性去思考。

還是以學開車為例，有經驗的司機通常會把學車分為以下五步：

第一步，熟悉你的車，調整好所有的設置。這不僅是學車的第一步，任何時候接手一輛新車，首先要做的都是這件事。

第二步，養成時刻觀察周圍的習慣。很多業餘的司機會忽略這件事，認為教開車就只是教怎樣開車而已。其實開車這件事，本質上是在道路和其他所有司機、行人配合，完成安全駕駛。路上的標誌、周圍人和車的情況，都是開車時需要注意的事情。這個習慣要在學車的第一天養成。

第三步，學會控制車，包括加速、減速、控制方向、轉彎，等等。在很多人看來，學開車主要就是學這些，但這只是其中的一部分。

第四步，停車和倒車，這就不多說了。第三步和第四步都可以在練習場學習。

第五步，上路，學會在各種路況下駕駛，熟悉換道、超車、讓車等路駕技能。換句話說，學會在開車時與路上的其他人配合。

將複雜技能的學習過程，拆解成幾個步驟後，哪個步驟不熟練，就多練習哪個步驟，這是快速掌握技能的要訣。

彈過鋼琴的人都知道，一首三四分鐘的鋼琴曲，中間常常會有幾小節、幾秒鐘的曲子容易彈錯。練習的時候想要更高效，就要刻意多彈那幾小節，不要每次練習都把整首曲子重來一遍。

要點四：邊學邊用

掌握基本技能之後。很多人覺得學習到此就結束，於是把技能放在一邊，還有些人覺得要私下練熟之後，才能拿出來用。這是學習新技能的迷思，也是很多人學了新東西之後，沒有進步的原因。因此，學習新技能的要點四就是，掌握基本技能後要儘快使用，而且要在工作或者實際場景中執行，然後在實戰中不斷提高水準。

不少人拿了駕照後幾年不摸車，這樣學了等於白學。還有人知道自己技術不行，就總是在練習場或者沒人的街道上慢慢開，這樣也很難有所長進。開車的技術，是在路況多變的馬路上提升的，而不是在練習場上精進的。

還有一些人，在學校裡學習專業技能，因為沒有拿它們解決過真正的問題，心裡總是沒有底氣，希望在學校裡多做一些模擬的練習題。如果人的壽命有兩百年，這麼慢慢學習倒也無妨，但問題是我們的生命很有限。通常在掌握基本技能之後，就要邊用邊學習、邊用邊提高，這是效率最高的方法。

我大學時到工廠參加實習之前，有點擔心自己能否勝任將來的工作。我的老師說，人家交給你任務，只要你在學校學過相關技能，就和他們說你會做。遇到不會的，可以自己花功夫弄清楚或者請教人。別人肯定也會遇到類似的情況，也沒有聽說誰過不了那個坎，我們不比別人笨，也一定做得到。

後來我和幾個同學到一家紡織廠實習，要為那家企業做一個真實的資料庫管理系統。接到任務後，對於能否完成，也沒有十足的信心。當初學習資料庫管理系統，也就學了幾十個小時的課程，做了幾十個小時的上機練習。不過，有了那位老師之前的提醒，本著「遇到問題解決問題」，一邊做一邊學的方式工作，花了一個多月的時間完成任務，也真正掌握了有關資料庫的技能。

很多學習過的技能，只有在投入使用之後，才能真正理解。那次一起實習的一個同學，後來做了一輩子資料庫，規模越做越大。有一次同學聚會時他提到，後來的這一切，其實都來自那年暑假的實習。

需要指出的是，「快速掌握」和「一萬小時定律」並不矛盾。要想成為專家，後面一萬小時的練習也是必需的，這一點不難理解。不過，快速掌握也很重要，有時甚至是戰略性地重要。它們之間的差別，就是要點五，也是我要說的最後一個要點。

要點五：快才是關鍵

在充滿挑戰和變化現代社會，快速就變得非常重要，這能夠讓自己在與周圍人競爭時搶到先機。試想一個場景：公司裡來了台複雜的新儀器，誰都不會用，那麼，肯定是最先掌握儀器操作方法的人，能成為它的使用者。同樣地，一項新技術出來後，所有人都沒學過，那麼誰先學會，誰就掌握了先機。

面對全新的領域，如果真的先花一萬小時去學習和研究，然後再投入工作，那機會早就沒有了。

快速掌握一項技能，是職場上需要具備的基本能力。俗話說，萬事起頭難。不過，只要做好初期的調查研究，按照上面五大要點按部就班地學習，入門並不難。有了一個還算不錯的開頭，接下來就要下點硬功夫、慢功夫了。如果真覺得那個方向是自己未來追求的目標，再考慮花一萬小時來成為領域專家也不遲。

本章重點總覽

- 一個人是否做好一件事，很大程度取決於他能把這件事做得有多好。
- 人要懂得挑金子，但不要濾去沙子。
- 不要覺得你有能力拯救每一個人，與其把感情花在那些不確定的人身上，不如用心把身邊的人照顧好。
- 提高效率的關鍵是專注，而專注的關鍵則是眼睛不要東張西望。
- 眼睛往哪裡看，被什麼樣的人所感動，自己就會成為什麼樣的人。
- 每天用四個十五分鐘做關鍵小事。
- 做任何事，最後五分鐘，都不是自己的。

CHARACTER

06

品　格

比能力更重要的是品格，它是人一輩子成功的基石。品格是後天培養出來的，與基因、出身、學識、機會都沒有直接的關係。好的品格可以讓自己受益終身，也可以照亮和溫暖周圍的人。

29／人性是一根曲木

歷史哲學家康德（Immanuel Kant）說：「人性這根曲木，決然製造不出任何筆直的東西。」這句話非常有道理。每一個承認現實、積極面對現實的人都知道，人不可能盡善盡美——不僅生下來的時候並非完美，而且之後總不免沾染上各種壞習慣。了解了這一點，就會對人自身的缺點有基本的認識，也就能體會為什麼人要一輩子與自身缺點奮戰。一個人只有注重品格的培養，才能成為可堪大用的人才。

關於品格的培養，通常會有三個迷思。

第一個迷思是血統論。

現實中沒有人會直接宣揚血統論，但是很多人在骨子裡相信這一點。各種出身歧視和地域歧視，都是血統論的展現。有些人會說，不能嫁鳳凰男，不能娶孔雀女，這其實暗含的意思是，那些人出身不高貴，因此在品格上有所欠缺。

除了貶低別人，很多人還會直接拉高自己，似乎顯赫的出身，會和高貴的氣質、優雅的舉止、良好的教養，甚至美麗的面孔聯繫在一起。有人自知攀不上什麼名門望族，卻要想方設法和一些有名望的人搭上邊。如經常有人會說：「某某名人和我是同一個小學畢業的。」那個小學幾十年下來，可能有好幾萬名校友，某某名人和講話的人其實沒什麼關係。

事實上，無論是所謂的貴族還是士族大家，現今都早已沒落。就拿目前傳承最久遠，現在依然備受關注的英國王室來說，女王的三個兒子中，有一個因為捲入愛潑斯坦（Jeffrey Epstein）的醜聞，而被取消「殿下」稱號。到了孫子輩，出現了一位行為更荒唐的王子，被媒體多次爆出有關他使用毒品和參加放蕩派對的醜聞，他和太太也因此成為全世界的笑柄。

第二個迷思，是認為財富和社會地位與品格相關。

中國有句古話，叫作「倉廩實而知禮節，衣食足而知榮辱」。很多人拿這句話為自己品格不佳辯護，也有人想當然耳，覺得自己和孩子的物質條件比周圍人好，所以品格就較為優秀。這可不一定。「衣食足而知榮辱」這句話本身沒有錯，它強調了基本生活需求和更高層次的精神需求之間直接的關係。但溫飽得到滿足，只是知榮辱的基礎，並不必然會使人知榮辱。

追求高層次需求，包括品格上的修養，並不需要比滿足溫飽多更多的物質條件。今天即便是中國收入最低的一群人，也基本做到了管仲所說的「衣食足」，照理說全社會都應該知榮辱了，但事實並非如此。可以說，在任何社會裡，品格和財富都未必能成正比。

第三個迷思，是認為一旦培養起好的品格，就能一輩子維持。

品格的培養和自我修養是一輩子的事情，年輕時品格好，不能保證一輩子的品格同樣好。人性的各種弱點，懶惰、自私、貪婪、嫉妒、任性、愛慕虛榮等，隨時都會讓人變得扭曲。只要在品格歷練上有所放鬆，所有這些毛病都會慢慢顯現出來。

養成「利他思維」

了解完上述迷思，我們就不難理解，品格不是與生俱來的，而是需要培養且一輩子保持的。雖然好的環境對品格的培養有益，但是身處好的環境，並不必然會讓人形成好的品格。

我們不得不承認，人性有犯錯的傾向，而且有些過失是難以避免的。因此要隨時審視自己的行為，努力養成利他的思想和作為。當然，品格的培養也是有技巧的，讓我帶你看三個例子。

第一個例子是班傑明．富蘭克林（Benjamin Franklin）的做法。他經常透過審視自己犯了哪些錯誤，來培養自己的品格。富蘭克林是一個非常自律的人，屢屢思考自己的過失，然後將它們分門別類，再一項項慢慢改進。他會告訴自己，要更有耐心地傾聽別人講話，要把對他人的關心，放在自己的威望之上。每改掉一個壞習慣，他都會感到非常高興。

第二個例子是老布希（Bush Senior，即 George H. W. Bush）的做法。他隨時告誡自己，要少談論自我。在二十世紀八〇年代之前，美國的政治家非常注重約束自己的行為，不像今天的總統們那麼愛誇誇其談。當時美國的總統和內閣部長一旦退休，很少有人去寫回憶錄炫耀自己的政績。不過到了老布希競選總統時，這種好風氣已經所剩無幾了。

老布希在競選時訂下一個原則——多談事情，少談個人。不過他的競選團隊看了他的演講稿後說，這樣可不行，我們不能謙虛，否則就無法贏得大家的支持。於是老布希同意競選團隊的建議。幾次演講之後，八十七歲的高齡母親打電話給他說：「喬治，你又在談論自己了。」老布希聽到後覺得很羞愧，於是改正了策略。不過，少談論自己並沒有讓他的選票減少。

老布希一生參加過「二戰」，當過眾議員、第二任美國駐中國聯絡處主任、中央情報局局長和總統，照理說有很多故事可以寫，但是他都沒有動筆，因為他一生堅守一個原則——少談論自己。

第三個例子是曾國藩的做法，更具體地說，是他祖父星岡公的做法。曾國藩後來能夠成為晚清第一名臣，得益於星岡公制定的居家做事八個字——「書蔬魚豬、掃早考寶」。前四個字是當時耕讀人家需要做的事情，即讀書、種菜、養魚、餵豬；後四個字中的「掃」和「早」是掃地和早起，代表日常生活中的好習慣；「考」是指重視祭祀祖先，中國人過去並不像西方人那麼信神，他們把對天地的敬畏，表現在祭祀祖先上，這其實代表人要有所敬；「寶」是指善待親人和鄰里，是中國文化所要求的最基本品德。

這些事情都是小事，但是只要做好這些小事，一個人將來的品格就差不到哪裡去。今天的人不一定需要種菜、養魚、餵豬，但需要在工作中敬業；掃地不重要了，但是不邋遢還是有必要的；大部分人也不常祭祀祖先，但還是需要對自然和規律有所敬畏。

經常反省自己的問題，長期堅持自己認定的行為原則，從小事做起，敬業，過一種健康的生活，善待他人，尊重規律。上述這些事都不是難事，任何人皆能做到。而只要做到了，2.0版的我們就比1.0版的好那麼一點點，3.0版的我們又比2.0版的好一點點，就這樣，好的品格漸漸養成。相反地，如果慢慢懈怠了，好的品格就會離我們而去。

品格這個概念的外延非常廣泛，大家能說出很多好的品格。對於大多數人來說，能夠做到持之以恆、不媚俗、具有正義感和良好的個人修養，在品格的培養上就已經合格了，在生活中也很容易成為贏家。

30／持之以恆、不媚俗

絕大部分人都分得清善與惡、好習慣與壞習慣，只是有些人就是做不到長期為善，養不成好習慣。

有一種說法你可能聽說過，人類的一切善行，都是後天作偽的結果，皆以犧牲自己的當前利益為基礎。這句話不能說完全正確，卻有一定的道理。那麼，如果善行是後天作偽的結果，是否就不需要趨善向上了呢？恰恰相反，在真正明白這個道理之後，更需要持之以恆地改進自身，不媚俗，不盲從大眾，因為這麼做恰恰是在主動迎合自然規律。

如果你了解一點進化論，就會知道物種進步的基礎不是個體，而是基因；進化的目的也不是讓某個個體更好，而是讓這個物種更能適應環境。因此，在進化方面，個體和基因是矛盾的。站在每一個個體的角度，它不進步、不變化，每天按照昨天的方式生活是最舒服的。同時，為了自己短時間的舒適，自私也是最好的選擇。但是，大自然會淘汰這樣的物種，因為一個物種每天都一樣，每一代都沒有變化，就不會有進化，那樣地球上就只會有單細胞生物。

於是，大自然要製造一些考驗，讓物種不得不隨之改變，很多不適應環境異常的物種就被淘汰了。在基因產生變化的物種中，其實絕大部分也被淘汰了，因為它們不僅沒有變好，反而變得更壞。只有那些有利於自身適應環境的變化，才能被保留下來。

為了讓基因透過後代傳承下去，無論是動物還是植物，都會本能地有利他行為。動物會照料自己的後代，甚至不惜犧牲生命保全後代。從個體的角度來看，這是一種不利於自身的利他行為。但正因為有這種行為，基因才得以複製和傳承，並且逐漸進化。

植物則會將自身絕大部分養分變成果實，當動物們吃下那些果實，就會把種子帶到更遠的地方。種植過水果的人會有這樣的體會：那些瘋長葉子的果樹，果實又少又小，是難以實現基因傳承的。

自私而短視的行為，是個體本身的傾向和選擇，這讓它們最為舒適，但是在冥冥之中又有一種力量，讓一些個體不得不違背自己自私、短視的本性，以求得長期來看更大的利益。不過，動物和植物都沒有理性思維。它們中有一些被基因的力量控制，無意中將長期利益最大化。

但是，人卻不同，人有理性，能夠明白什麼是長期利益。遺憾的是，人在遺傳中攜帶著好逸惡勞、懶於改變、注重眼前利益和一時歡愉的基因，這就是人們在懂得道理之後，又說自己堅持不下來或者做不到的原因。

上天對人其實是非常寬容的，它希望人能夠主動克服好逸惡勞、缺乏毅力、短視而自私的毛病，並且從來不吝獎勵那些能夠做到持之以恆的人。但是，如果某些人做不到這一點，上天就會把一些資源和機會，從他們手中拿走，給予那些能做到的人。

像升學這件事，雖然任何選拔人才的系統，都有一定的隨機性，但是整體而言，在十幾年中放棄一些暫時的歡愉，把時間花在功課上的人，最終都獲得了更大的機會。這就如同一棵只顧瘋長葉子的果樹，從長遠來說結不出甜美的果實一樣。因此，對於那些聲稱「道理都懂，就是做不到」的人，上天會「幫」他們做到。只是會反著做，所給予的是他們絕不想要的結果。

為什麼持之以恆如此重要？原因很簡單。想讓一根曲木變得稍微直一點、更加有用一些，就要不斷地主動施加外力去糾正，不能任其隨意發展，這便是持之以恆。那麼外力又是什麼呢？人在成長過程中，需要有人助一臂之力，指出我們的錯誤，提供好的建議，這些便是外力。

世界上能夠幫助我們培養品格的外力很多，我通常把它們分為四類。

第一類是親朋好友。我們需要他們的鼓勵和幫助。有些時候，幫助和配合他人意味著自己的損失，所以只有親朋好友願意這麼做。當然，我們也必須回報，例如減少一些自己的利益來成就他們，只有這樣，大家才能一同走得更遠。一個人行走有時固然會快一點，但是常常走不遠，還可能會迷路；一群人一起走，迷路的可能性就小很多，而且能夠走很遠。因此，親朋好友是人最大的財富之一。

第二類是規矩和傳統。說到這個，很多人就很頭痛，覺得是在管束自己，讓自己失去自由。其實，規矩是為了避免一些天然的惡習，而傳統是經過檢驗且大家都容易接受的。

第三類是榜樣和典範。還是以物種進化為例，只有好的變化，才能夠讓物種、或者說基因更容易適應自然，壞的變化則會加速被淘汰的命運。榜樣和典範的作用，就是告訴人們什麼是好的改變。

我有一位前同事，一年不見，體重從一百公斤降到七十五公斤。我問他是怎麼做到的，他說都是靠榜樣的力量。他看到一些人健康的生活狀態，就照著他們去做，結果一年體重就降下來了。另外一位朋友，迷戀看吃播，竟然一年後體重增加了十公斤。她說自己真的沒有想多吃，看那些節目只是覺得好玩，誰知不知不覺中行為受到了影響。

第四類是宗教和信仰。玄奘法師年輕時就渴望得到佛法真諦，經過一番不懈的努力，於貞觀三年（西元六百二十九年）從長安出發，隻身前往天竺（印度）深造佛學。他途經西域諸國，在異常險惡困苦的條件下，翻越帕米爾高原，終於到達天竺。在天竺的十多年間，他遍訪高僧，學習佛法，還徒步考察了整個南亞次大陸。

貞觀十七年（西元六百四十三年），玄奘帶著六百五十七部佛經啟程回國，兩年後抵達出發地長安，前後歷時十六年。在這之後，他又花了十多年時間翻譯了七十五部（一說七十四部）佛教典籍，一共一千多卷。是什麼力量讓玄奘能夠歷經千辛萬苦、不計報酬地去做這件事？答案就是信仰的力量。我在《見識》一書中曾說，人是要有點信仰的，就是這個原因。長期違背自己當下的歡愉做一件事情不容易，而信仰能讓人做到這一點。

為什麼我要把不媚俗也作為一種品格來談論，而且和持之以恆放在一起呢？如果說，缺乏恆心是在時間的維度放縱自己，那媚俗就是在空間的維度放縱自己。

媚俗有兩種，一種是在外表，一種是在內心。外表媚俗的人，會在穿著、舉止、消費以及網路行為上追隨潮流，甚至刻意誇張。很多透過照片、文字在社群網站顯示自己過得有多好的人就屬於這一種。還有人動不動就要折騰出一點事情來，在網路上炒作一番，這也屬於外表的媚俗。

內心的媚俗雖不那麼明顯，但是也普遍存在。如一些人做人太現實，以社會環境複雜為藉口，刻意討好權勢，迎合他人，這就是內心的媚俗。再如，有的人是某一領域的專家學者，為了討好高層，不顧專業常識和事實，信口開河，誤導民眾，這也是內心媚俗的表現。

無論是哪一種媚俗，都是為了短期的、局部的利益，放棄長遠的追求。一個人一旦開始媚俗，境界就再也高不起來了，將來能達到眾人的平均水準就很不錯了。

人往上走很辛苦，但往下溜不僅毫不費力，還會越來越快。因此，一個人除非時時刻刻提醒自己要志向高遠，不能媚俗，否則就會不知不覺地隨波逐流。迎合他人是一件很容易的事情，保持獨立的自我則需要一番定力。但是，人的品格就是在不迎合潮流、堅持自我的前提下養成的。

能做到持之以恆、不媚俗，就有了培養其他品格的基礎。

31／正義感（善良、誠信、公正）

巴菲特喜歡引用一句話，「It's nice to be important, but more important to be nice」。意思是說，成為了不起的人的確很好，但更了不起的是成為善良的人。這句話的出處已經不可考，不過它說得真好。很多了不起的人，如網球巨星費德勒（Roger Federer）、被譽為「二十世紀當之無愧全球最偉大選股人」的投資人約翰·坦伯頓（John M. Templeton）等，也常常把這句話掛在嘴邊。

有人說善良是人的天性，這個結論至今找不到根據。事實上如果不經過教化，人有時會表現出惡的一面。科學研究證實，在各種哺乳動物中，人類和其他靈長目的動物，是相對比較容易敵視和傷害同類的。而目前人類之所以顯得比較友善，是因為文明在進步，理性約束了人們的胡作非為。可以說，善良是人類後天培養出的一種品格，也是讓我們最為受益的品格。

善良是選擇

做一個善良的人有什麼好處？在對待他人時做到善良，會令我們也被善意地對待。美國俄勒岡州立大學（Oregon State University）做了一項相關調查。兩名實驗人員買了一個披薩送給一個流浪漢，再讓一名被試者去向這個流浪漢討要食物。流浪漢毫不猶豫地分給被試者一大塊披薩。為表示感謝，被試者又自發性從錢包中掏出一些錢給流浪漢。

這項調查一共測試了一百零四人，結果表明，人們在看到善舉或者收到善意後，更容易產生同情心、做出善舉。各種善意的行為，會讓施助者本身更快樂和輕鬆，也促使周圍人樂於助人。

此外，還有一些研究指出，善舉能促進健康、提高免疫力、加速傷口癒合，等等。從事這類研究的，還有史丹佛大學等著名的研究機構。由於這些研究尚處於初級階段，我就不對此多做宣傳了。但是，有一個結論是大家公認的：善良的人往往會活得更自在，很少焦慮、恐懼、緊張或者憤怒。

美國《科學》（Science）雜誌還刊登一項研究成果，該研究認為造成上述結果的原因，是善良的行為可以提升大腦中快樂激素——血清素和腦內啡的含量，使人增加幸福感，並延長大腦的壽命。

可見，做善良的人，是一件對自己和他人都有益處的好事。既然如此，為什麼很多人還不願意與人為善呢？根據我的觀察和了解，主要有以下三個原因。

第一，有些人認為「善良正直的人經常吃虧」。甚至在一些人看來，善良是軟弱的代名詞。持有這種觀點的人，需要弄清楚兩件事。第一件事，是要把所謂的「虧」和「賺」，放在一個大的維度中考量。會下圍棋的人都懂得一個道理，喜歡吃子的人通常贏不了棋。同樣地，一個自私自利的人，可能在每件事情上都不吃虧，但是一輩子從來沒賺過；而一個看似經常吃虧的人，卻可能是人生贏家。

第二件事，是不要把善良和犧牲、怯懦等概念等同起來。**善良不等於犧牲，不等於要在**

自己能力範圍之外付出，也不等於一味謙讓，讓自己不痛快；善良也不等於懦弱，不需要把對他人的「善」，建立在對自己「惡」的基礎上，那樣的善良不會長久。加拿大不列顛哥倫比亞大學（University of British Columbia）的一項研究表明，經常做出善舉的孩子，可以抑制同學的霸凌行為，並能處理好同儕關係。

第二，今天的市場經濟和生人社會，打破了過去熟人之間相互幫助、相互照應的心理默契。很多人在決定是否做某件事情之前，要先估算一下值不值。特別是當社會資源有限，為了獲得僅有的機會，人們不得不進行激烈競爭時，很多人會把善良放到一邊。對於他們的行為，用一句俗話來描述，就是吃相太難看。例如，班上只有一個保送研究所的名額，很多同學都想得到，一些人就會使用不光彩的手段把其他人踩下去。

但是，吃相難看不等於吃得到。很多不屬於自己的東西，在不擇手段拿到之後，也很容易失去。畢竟在這個世界上，做大事的人還是需要利用群體的力量。

第三，教育的缺失。善良既是一種意願，也是一種認知和能力。既然是認知，就需要培養；既然是能力，就需要訓練。

善良有兩個要素。一個是換位思考或者說有同理心，這是一種能力，不能體會他人的感受，就是一種能力的缺失。大部分人會根據生活經驗，慢慢獲得這種能力，這些人在外人看來，就是天性善良的，但並非所有人都是如此。教育的一個重要目的，就是約束人們惡的念頭，培養善的習慣，包括理解他人的能力。

另一個是認識到善良帶來的互惠好處。如果一件事對別人有益，對自己卻沒有明顯的幫助，那該不該做呢？如果一個社會的普遍認知是，你對別人善，別人也會對你善，就如同前面提到的實驗，給流浪漢一個披薩，對方也會將披薩分給其他有需要的人。這樣的認知，建立在人際交往中互相信任的基礎上。一旦信任缺失，互惠關係失效，人們就可能會怕吃虧。

因此，在一個人進入社會之前，就需要明白這種信任的重要性，每一個人都不應該成為社會信任的破壞者。

誠信能減少社會成本

和善良有關的一個品格是誠信。前面講了能力和人品哪個更重要，誠信便是人品中最重要的組成部分。關於誠信的重要性，你肯定很清楚，這裡就不再多言。不過有一點需要特別指出，就是誠信可以大大降低社會運行的成本，和生活的成本，失去了誠信，這些成本就會大幅增加。

我們不妨來看兩個例子。

第一個例子，是二〇二二年初，在美國法庭受審的女騙子伊莉莎白・霍姆斯（Elizabeth A. Holmes）的案子，她就是那個宣稱發明用一滴血檢測疾病技術的史丹佛大學退學生。她透過造假騙取高達億美元的投資，但最後被揭發是一場大騙局。這個案子的出現，大幅增加創業者的創業成本，因為美國風險投資機構在此之後，不得不制定比較嚴格的審查制度，在投資協定中增加一些保護性條款，並且要求監督甚至參與公司的營運，這對於創業者來說當然不是好消息。

本來從二十世紀六〇年代開始，美國的風險投資人和創業者，依靠彼此的信任，維繫了半個多世紀良好的關係。基於這樣的信任，投資人才敢在沒有擔保的情況下，把錢挹注給不認識的人，從而造就了矽谷地區的繁榮。而一旦這個信任不存在，雙方的好日子就結束了。

第二個例子，是我在《矽谷來信》中多次講到的，好市多遭遇顧客惡意退貨的事情。本來，好市多給所有顧客提供無條件退貨的服務。當然，大家的默契是，如果不是出現品質問題，或者自己買錯東西，就不會去退貨，更不會把吃了一半的食品，或者用了快一年的電器拿去退掉。在好市多開業的前三十年，買賣雙方都保持著這樣的默契，互惠互利。

但是，就是有人占這個便宜。買了食品，吃了一半說不喜歡味道，然後拿去退貨。我就親眼見過一位顧客，把四公升裝的橄欖油，用到還剩約半公升，然後說有問題要退貨。時間一長，好市多就改變了策略。一方面，它把退貨的成本都加到價格當中；另一方面，它開始限制一些商品的退貨。當然，對於經常去退貨的顧客，它也取消他們的會員資格。這就是誠信缺失後的結果，雙方的成本都會上升。

沒有公正，倒楣的是多數人

和善良有關的另一個品格是公正，它是文明社會的基礎。前面講到很多人擔心太善良會吃虧，如果一個社會不公正，那這種事還真會發生。而社會的公正，來自每一個人待人、做事時的公正。

公正有多重含義，其中最基本的是沒有偏私，能夠依據大家認可的標準下決策、做事情。譬如，一個老師喜歡張三、不喜歡李四，結果給張三扣分就少、給李四扣分就多，這就有失公正。同樣地，在一個組織裡，任人唯親，偏袒自己的嫡系部屬，根據自身的好惡而不是客觀標準評判他人，都是不公正的做法。

為什麼公正很重要？因為沒有基本的公正，大家只能靠強權行事，倒楣的就是大多數人。

公正通常講的是過程，而不是結果，但很多人會把過程的公正和結果的公平混為一談。像有人看到社會的財富不均等，就覺得平均一下是社會公正的展現。其實，一個公正公平的社會，是讓每一個人都有相同的、獲得財富的可能性，而不是有的人因為有權有勢，就有更多的機會獲得財富，或者直接在結果上做平均。

有的人一直想不明白這個道理，認為最後反正要落實到結果上，為什麼不能直接從結果入手解決問題。我舉個例子來說明。假如大家參加象棋比賽，先把規則講清楚，然後所有人都按照同樣的規則下棋，違反規則就出局，這就是一個公正的比賽，當然，結果肯定是有人得冠軍，有人墊底。如果反過來，不制定公平的規則，也不問是否有人違規，最後無論大家棋藝如何，結果都是和棋，這就是追求所謂的公平結果，而這種做法就讓下棋失去意義。

當所有事情的結果都相同時，世界將會是一片死氣沉沉的狀態。因此，若我們伸手把一個人口袋裡的錢，隨意裝到另一個人口袋時，就違反了公正的原則，無論那兩個人誰的錢多、誰的錢少。

還有因為網路的普遍而引發的現象，就是很多網友試圖用網路輿論代替司法，直接得到一個公正的結果，這其實也是違背法律公正性的做法。而失去了公正的過程，會導致更多不公正的結果。因此一個堅持凡事要公正的人，就要按規則做事。

在《理想國》一書中，柏拉圖花了非常多的筆墨，來討論有關正義的問題，因為在他看來，沒有正義，就沒有文明。但是，即便他把各種觀點都討論了一遍（借蘇格拉底和其他人之口），也沒有給正義下一個確切的定義。於是，「什麼是正義」成了一個千古難解的哲學問題。

二十世紀著名哲學家維根斯坦（Ludwig Wittgenstein）認為，人們之所以對這一類哲學問題感到困惑，看法不一，是因為對語言有著不同的認識。簡單地說，理解的不是同一回事。因此，在他看來，抽象的正義沒有太多意義，重要的是正義的行動。根據我的理解，一個人具有善良的、誠信的品格，做事公正，就符合正義的要求。

32／修養（感恩、寬恕、謙虛、自制）

人的修養是品格的一部分。

談到修養，很多人會想到有禮貌、有學問、不動怒，但這些只是表面。修養還有一些更基本的、更重要的內容，包括感恩、寬恕、謙虛和自制。

感恩是人類進入文明狀態的一種表現。古羅馬政治家西塞羅（Marcus T. Cicero）曾云，「感恩之心不僅是最美好的品德，同時也是其他所有美好情愫之母」。人之所以為人，是因為懂得感恩。

作為群居動物，人在一生中，會從他人和大自然那裡，獲得許多的恩惠和幫助，然後以感恩的方式回應，這是維繫人類社會、處理好人與大自然關係的前提。一個不懂得感恩的人，會在不同程度上破壞世界的和諧。如果他是一個擁有權力的人，可能會成為社會的禍害。一個不懂得感恩的社會，是一個野蠻、不開化，甚至自作孽的社會。

歷史上有一個獨裁者，將他過去的恩人處死了。那位恩人臨死前說，你不知道世界上有一種叫作感恩的品格嗎？那個獨裁者冷回一句，感恩是狗才有的品格。我時常感謝這個獨裁者說出了心裡話。的確，有些人覺得不需要感恩，但是這些人還不如一條忠實的狗。不知道感恩，說明沒有把自己放進人的行列，至少沒有把自己放進文明人的行列。

一個社會如果缺乏感恩，就不會有相互幫助的行為，會變成一個大家各自為戰，甚至相互敵對的社會。美國有很多非營利的私營機構，如大學和醫院，在很少獲得政府和商業支持的情況下，能在同行做到全世界數一數二的水準，這主要是靠私人和營利機構的贊助。而私人和營利機構願意捐贈的一個重要原因，就是那些非營利機構懂得感恩——哪怕是只獲得一百美元的小額捐款，它們也會向捐贈者表達感激之情。

美國有很多私立大學，不僅各個教學大樓、院系是用捐助者名字命名的，連會議廳、教室和實驗室亦然，甚至會議廳的某些椅子上，還會刻有捐助者的名字。正是因為這些大學知道感恩，它們才能一年獲得幾億甚至十幾億美元的無償捐款。我和很多私立大學有深入的接觸，它們的感激是真誠的、由衷的，這讓捐助者也很感動。

對於不懂得感恩的人，最好遠離他們。

我一直記得父親講述過鬼谷子，和他兩個弟子孫臏、龐涓的故事給我聽。龐涓到了魏國當上重臣，很得意地寫信給孫臏，炫耀自己的近況，並且勸說孫臏前來投奔，這讓孫臏有些心動。鬼谷子是一位很有智慧的老師，他告誡孫臏，龐涓來信，居然沒有一個字問候老師，可以看出他是一個不知道感恩的刻薄忘本之人。後來孫臏果然被龐涓陷害。借助這個故事，父親告誡我，要特別防範那些刻薄忘本之人。

感恩的神奇力量

人類感恩的行為很早就有，但是在哲學層面對感恩的研究和關注，其實只有兩千多年的歷史。在東方，這主要展現在對親屬、長輩和君主的感激上。

孟子云，「不得乎親，不可以為人；不順乎親，不可以為子」，意思是說，不懂得對父母感恩，就失去做人的資格。在西方，心懷感恩是各種宗教推崇的人類基本品行，它不僅包括對人的感激，也包括對神的感激。可見，無論是東方還是西方，心懷感恩的理念，都早已滲透進人們的思想和生活之中。

進入新世紀（西元二千年之後），學者們從心理學層面，對感恩進行了系統性研究。研究發現，懂得感恩的人，在心理上更健康，生活更積極；而不懂得感恩的人，常常持著負面的悲觀情緒，不能積極地對待生活中遇到的困難。

而且，感恩要表現在行為上，而不僅僅是在心裡。感恩的行為可以增進人與人之間的關係，並且讓人獲得可觀的回報。

一項實驗發現，如果珠寶店打電話給顧客，並對他們的光臨表示感謝，顧客再次光臨的可能性會提高七成。相比之下，如果只是打電話告知相關的促銷資訊，顧客再次光臨的可能性，只會提高約三成。如果不打電話，他們再次光臨的可能性並無明顯提高。

另一項研究表明，如果餐館的服務人員，在送帳單給顧客時，真誠說一句感激的話，通常顧客會給服務人員更多的小費。

二十世紀七〇年代的坎特伯里大主教（Archbishop of Canterbury，為全英格蘭主教長）拉姆齊（Michael Ramsey）曾說，以感激之心澆灌的土壤，不會滋生出驕傲的野草。有了感恩之心，就容易培養出其他好的品格。

謙虛已不流行？

謙虛曾經是各種文明都提倡的好品格。但是近幾十年來，很多媒體過分強調要突出自我，表現自我，以至於很多人對謙虛產生了懷疑。

美國作家大衛．布魯克斯（David Brooks）在《品格：履歷表與追悼文的抉擇》（The Road to Character）一書中，提了這樣一組數據，當代人（西元二千年之後）比上一代人的自戀程度，提高了百分之三十。如果量化衡量一下，他們中有百分之九十三的人，自戀程度超過上一代人（年長二十〇歲的）的平均值。

年輕人強調自己與眾不同，甚至把一些壞的差異當作優點。此外，當代人把自己（在網路上和生活中）的知名度排在第一位，而上一代人則把這個指標排在倒數第四位。雖然布魯克斯說的是美國的資料，但是如果你留意一下身邊的情況，就會發現中國的情況也差不多。

中國網路上有兩個獨特的現象：一個是所謂的飯圈（即粉絲圈）文化，無論其背後是資本還是媒體在驅動，實質上都是拚比所支持明星的排名和知名度，使他們獲得與自身價值不相配的虛名；另一個是曬朋友圈，朋友圈原本是用來記錄和分享自己的生活點滴，但現在淪為一部分人自我表揚和吹牛的地方。

我認為，人們所以會丟棄謙虛這一品格，不是因為擁有的更多，而是因為太多人似懂非懂。古代人受條件所限，懂的很少，見識有限，擁有的物質財富也不多，所以做到謙虛很容易。今日則不同，大部分人都接受一定的教育，懂得一些知識和道理，並且透過現代交通工具，接觸到遠方不同的人，很容易就能見多識廣。要是再加上擁有不錯的物質財富或者成就，難免會自我膨脹。

富蘭克林說，「最難抑制的情感是驕傲，儘管你設法掩飾，竭力與之爭鬥，它仍然存在。即使我敢相信已將它完全克服，也可能又因自己的謙遜而感到驕傲」。正因為人天生傾向於炫耀和驕傲，謙虛才變得非常難。

那麼人為什麼要謙虛？

首先，謙虛是一種美德，可以讓他人感到舒服，不造成他人太多壓力。當你面對一個傲慢的人，你不會感到舒服，因此，如果我們傲慢，也會讓別人感到不舒服。其次，謙虛是對自己一種有效的保護，這一點常常被忽視。當一個人隱藏在眾人之中時，他是最安全的。一定要當出頭鳥，會被槍打；一定要炫耀自己，會遭人嫉恨。最後，謙虛能夠讓我們對自身保持清醒的認識，不至於產生誤判，這樣可以少走冤枉路，少犯錯誤。

泰戈爾說，「當我們大為謙卑的時候，便是我們最近於偉大的時候」。這句話是很有道理的。

自制與節制

和謙虛相關聯的是自制，它既包含對語言、脾氣和舉止的控制，也包含古希臘人講的自我節制，不放縱自己。

控制自己的脾氣，讓自己舉止得宜，不僅是一種修養，也是今天職場上，每一個人所應該具有的基本素養。這一點不再多說。我們重點講述古希臘人所說的「在哲學上的自制」。

亞里斯多德在著作《尼各馬可倫理學》（The Nicomachean Ethics）中，專門闡述了「自制」與「節制」這兩個重要概念。在他看來，自制是一種好的品德，它能夠讓我們在生活中做到有節制，過一種健康而理性的生活。亞里斯多德說，「在適當的時間、適當的場合、對適當的人和事物、出於適當的原因、以適當的方式表達和感受這些感情」，就是自制。

而不能自制，就是明知道自己所作所為是錯的，卻受激情的支配和欲望的驅使，繼續實施相應的行為。與自制相對立的是放縱，自制和放縱的中間狀態是不自制。在亞里斯多德看來，不自制至少也比放縱來得好。

為什麼要自制呢？亞里斯多德認為，當一個人不能自制時，他就遠離理性，就會得到錯誤的認知。不僅如此，即使一個人具備了正確的認知，在不自制的情況下，他也不能正確運用自己的認知。

在生活中你會看到這樣一些現象，一個很有知識、很有本事的人，一旦發怒，也會做出錯誤的事情，這便是他不能正確運用自己知識的結果。相反地，自制讓人清醒，使人更容易做出正確的決定。在為人處世中，自制能夠讓我們準確地判斷自己與他人、社會的關係，做出符合自己利益的選擇。

寬恕是「真相、正義、和解」

最後我想說的品格是寬恕。人不可能不犯錯，犯錯的人需要承認錯誤並且承擔責任，付出代價甚至給予受害者賠償。而作為他人，有些時候需要寬恕犯錯的人。我剛到美國時，聽到一位牧師講的一個觀點，覺得很有道理。他說，每個人都覺得寬恕是一個可愛的觀念，但不打算實施，直到有一天，他有了真正需要被寬恕的事情。

我們在生活中都會發現，人其實並不喜歡寬恕他人，且常常想要抓住對方的錯誤不放，讓其低頭。還會說，「如果我寬恕了那個傷害我的人，就是在放縱他們的行為」。但是若不寬恕，很多結就永遠解不開，要背著那麼多的負擔生活，實在太累了，至於怨恨和報復，就更不應該了。

對於傷害過我們的人，我覺得採用南非已故屠圖（Desmond Tutu）大主教的方法來對待最好。他的辦法是「真相、正義、和解」。首先，要弄清楚真相，並且讓對方承認真相。如同宿舍的人偷了你的錢，被你抓住了，你需要讓他知道真相是他偷了你的錢，而不是什麼其他的原因，讓你的錢不翼而飛。

接下來，正義必須得到伸張，他必須還錢，並且道歉，或許他還需要在一定的範圍內檢討。至於正義該怎麼伸張，自然有規矩，這裡我們就不討論了。但是最後，在他做出不再偷錢的承諾後，你需要與他和解，而不是抓住他的「小辮子」一輩子不放。那樣你會很累，而他則會成為你一輩子的仇人。即使不信仰宗教的人，也應該明白與人方便、與己方便的道理。**寬恕他人，是一個人強大的展現。**

任何人不論出身和學識如何，只要能控制自己的情緒和欲望，嚴於律己，不炫耀，關愛、寬容他人，對每一個幫助過我們的人感恩，對大自然感恩，就是一個有修養、品格高的人。

本章重點總覽

- 成為了不起的人的確很好，但更了不起的是成為善良的人。
- 善良不等於犧牲，不等於懦弱，不需要把對他人的「善」，建立在對自己「惡」的基礎上，那樣的善良不會長久。
- 善良的人其實更自在。
- 誠信能減少社會成本。
- 沒有公正，倒楣的是多數人。
- 對於不懂得感恩的人，最好遠離他們。
- 感恩要表現在行為上，而不僅僅是在心裡。
- 對於傷害過我們的人，可採取「真相、正義、和解」的方式來對待。

後記

能力是我們每一個人的立足之本，不過並非所有的能力學校都會教，很多要靠自己培養，包括我在本書中所列舉的交往力、洞察力、分辨力、職場力和行動力。這些能力需要用心學習，慢慢領悟。當初我在走出學校，開始自己的職業生涯時，也注意從身邊的同事和朋友那裡，學習這些能力，但可能是我比較愚鈍，領悟得不算快，所以走了不少冤枉路。現在回想起來，如果當時有人引導我就好了。後來我擔任管理職，公司請了各方面的專家傳授經驗，幫助我們提高上述能力，這就讓我能夠更快地進步了。

當然，在這幾十年的職業生涯中，我也看了不少書，結合自己的工作領悟出一些心得。我知道，並非每一個人都有機會，系統地跟隨管理學和心理學專家學習，因此我在我的「得到」專欄《矽谷來信3》裡，把這些經驗分享出來，希望大家不用像我當初那樣，繞了很多彎路。

《矽谷來信3》的內容比較繁雜，絕大部分和本書的內容無關。同時，由於它是書信體，風格比較輕鬆隨意。因此，為了便於大家能培養生活和工作中，最需要具備的能力，在《矽谷來信3》結束之後，我在「得到」APP團隊的幫助下，將其中和能力培養有關的內容，進行了系統性整理和補充，寫成了這本書，希望能夠有助於廣大讀者，更加全面、更加有效地培養專業能力之外的各種必要能力。

在《矽谷來信3》的創作過程中，「得到」創始人羅振宇、CEO脫不花、內容品控負責人之一的李倩、課程編輯陳玨和楊露珠，從內容策劃到編輯校對，做了大量的工作。「得到」的其他專欄作家，如劉潤老師、陳海賢老師、賈行家老師、諸葛越老師、施展老師、卓克老師、王太平老師，對我本人和這個專欄也給予了巨大的幫助和支持。

三季《矽谷來信》專欄，至今已累計近四十萬人次的訂閱量。很多訂閱者經常來這個專欄留言，給予我非常有價值的回饋。透過和他們的交流，我也受益匪淺。最後，我也要感謝我的家人，對我開設《矽谷來信》專欄和創作這本書的支持。作為我的第一批讀者，她們給予我很多回饋和建議。《矽谷來信》專欄和這本書，是從我個人的視角，來解讀各種問題和現象，因此難免存在很多局限和不足之處。對於很多問題的看法，本書也只是拋磚引玉，希望讀者朋友斧正，更希望大家發表自己的見解。

富能量 062

軟能力

那些學校裡學不到，卻讓你終身受益的底層能力

百萬暢銷作者吳軍的人生啟迪重磅新作

作　　者：吳　軍
責任編輯：林麗文
協力校對：羅煥耿、田炎欣
封面設計：別境 Lab
繁體版封面完稿：王氏研創藝術有限公司
內文排版：王氏研創藝術有限公司

總 編 輯：林麗文
副 總 編：梁淑玲、黃佳燕
主　　編：高佩琳、賴秉薇、蕭歆儀
行銷總監：祝子慧
行銷企畫：林彥伶、朱妍靜

出　　版：幸福文化出版／遠足文化事業股份有限公司
地　　址：231 新北市新店區民權路 108-3 號 8 樓
網　　址：https://www.facebook.com happinessbookrep/
電　　話：(02) 2218-1417
傳　　真：(02) 2218-8057

發　　行：遠足文化事業股份有限公司（讀書共和國出版集團）
地　　址：231 新北市新店區民權路 108-2 號 9 樓
電　　話：(02) 2218-1417
傳　　真：(02) 2218-8057
電　　郵：service@bookrep.com.tw
郵撥帳號：19504465
客服電話：0800-221-029
網　　址：www.bookrep.com.tw

法律顧問：華洋法律事務所　蘇文生律師
印　　刷：呈靖印刷
初版一刷：2023 年 9 月
定　　價：400 元

Printed in Taiwan 著作權所有侵犯必究
【特別聲明】有關本書中的言論內容，不代表本公司／出版集團之立場與意見，文責由作者自行承擔

●本著作中文簡體版由新星出版社出版
本作品中文繁體版通過成都天鳶文化傳播有限公司代理，經北京思維造物信息科技股份有限公司授予遠足文化事業股份有限公司（幸福文化出版）獨家出版發行，非經書面同意，不得以任何形式，任意重製轉載。

國家圖書館出版品預行編目 (CIP) 資料

軟能力 / 吳軍著 . -- 初版 . -- 新北市 : 幸福文化出版社出版 : 遠足文化事業股份有限公司發行 , 2023.03
面； 公分
ISBN 978-626-7184-78-3(平裝)
1.CST: 成功法 2.CST: 自我實現
177.2　　　111022363